めった斬り

平成経済史

Critical Analysis of the Heisei Economy

失敗の本質と復活の条件

嘉悦大学教授
髙橋洋一

ビジネス社

はじめに

２０１９年4月30日をもって、「平成」の世は終わりを迎える。一体、平成時代とは日本にとってどんな時代だったのだろうか。あるいは、新しい時代を迎えるにあたって、一体何が変わり、何が変わらないのだろうか。

思えば平成は「バブル経済」で始まった。今日、一般的にバブルは〝浮かれたカネの亡者による狂宴〟のように思われている。しかし、果たして本当にそうなのだろうか。その功罪は、きちんと検証されているのだろうか。

結局、一向に景気が上向かなかったバブル崩壊以降の〝失われた10年〟を経て、日本経済はＩＴバブルや私も期せずして当事者となった小泉改革、そして民主党政権、震災、アベノミクスへと移り変わっていった。この〝失われた20年〟あるいは厳しくいえば〝失われた30年〟から私たちは何を学ぶべきなのか。

私は大蔵・財務官僚として20年、その後、学者として10年、平成の世を過ごしてきた。そうした経済政策に実際に携わる現場と、それを客観的に分析するアカデミズムというふたつの経験から「平成日本経済史をとらえ直す」というのが本書の主旨だ。

私のツイッターや新聞、雑誌、ネット記事の連載などを読んでいる人なら、ときに私が間違いだらけの財務省やマスコミ、あるいは御用学者の意見に対し、微《び》に入《い》り細《さい》を穿《うが》つように丁寧に修正を加えているのを見たことがあるだろう。もちろん間違いを正すのは、事実を伝えるうえで非常に重要なことであるし、先に挙げたような人たちにもきっと感謝されているはずだ。

ただ、政治経済や世の中の出来事を正しく理解するためには、そうした細かく、かつ刹《せつ》那《な》的な説明だけでは当然足りない。それ以上に、マクロ的な視点からの分析、すなわち、未来を読み解くヒントを与えてくれる「歴史」という「データ」の検証が不可欠なのだ。

平成日本経済史はバブル経済に始まり、そして、まず間違いなくアベノミクスを継続したまま、いったん区切りをつけることになるだろう。では、次に来る時代は一体どのような形になるのか。それは、私たちに情報をきちんと取捨選択できる力があるかどうか、そこにかかっている。

本書がその一助になれば望外の喜びだ。

平成30年8月

髙橋洋一

序章 したり顔で語られる、プラザ合意とバブルのウソにだまされるな。

昭和55(1980)年〜昭和63(1988)年

第1章

問題はバブル崩壊ではない。原因の見誤りと後処理の迷走だ。

平成元（1989）年〜平成8（1996）年

第2章 官僚も金融機関もマスコミも、「改革」という言葉を叫びさえすればいいと思っていた。

平成9(1997)年～平成12(2000)年

第3章 実は、デフレと円高の二重苦を退治するチャンスはいくらでもあった。

平成13(2001)年〜平成19(2007)年

第4章 乱世だからこそ「ハトヤマノミクス」もあり得たのだが……。

平成20（2008）年〜平成23（2011）年

第5章 今も決して悪くはないが、日本経済にはもっともっとノビシロが残っている。

平成24(2012)年〜平成31(2019)年

昭和55年～昭和63年
（1980）～（1988）

序章

したり顔で語られる、
プラザ合意とバブルの
ウソにだまされるな。

本章の年代の主な出来事

（太字は本文関連事項）

			内閣
昭和55年（1980）	1月	ポール・マッカートニー大麻所持容疑で逮捕	大平
	4月	松田聖子デビュー	
	6月	大平正芳首相急死で初の衆参同時選挙実施	
		田原俊彦デビュー	
	10月	巨人の長嶋茂雄監督が退任	鈴木（7月）
	11月	巨人の王貞治が引退	
		山口百恵と三浦友和が結婚	
	12月	近藤真彦デビュー	
		ニューヨークでジョン・レノン暗殺	
昭和56年（1981）	1月	米レーガン政権発足	
	3月	ピンクレディーが解散	
昭和57年（1982）	2月	ホテルニュージャパン火災事件	
	5月	中森明菜デビュー	
	10月	フジテレビで「笑っていいとも！」放送開始	中曽根（11月）
昭和58年（1983）	4月	東京ディズニーランド開園	
	7月	任天堂の「ファミリーコンピュータ」発売	
	10月	ロッキード事件裁判で田中角栄に有罪判決	
昭和59年（1984）	3月	江崎グリコ社長誘拐（グリコ森永事件）	
	11月	福澤諭吉の1万円札、新渡戸稲造の5千円札、夏目漱石の千円札発行	
昭和60年（1985）	3月	ゴルバチョフがソ連共産党書記長に就任	
	4月	電電公社がNTTに、専売公社がJTに民営化	
	6月	松田聖子と神田正輝が結婚	
	8月	日航123便墜落事故発生	
	9月	**ニューヨークで開かれたG5で「プラザ合意」発表**	
	10月	テレビ朝日「ニュースステーション」放送開始	
	12月	中学3年生の羽生善治がプロ棋士デビュー	
昭和61年（1986）	4月	男女雇用機会均等法施行	
		ソ連でチェルノブイリ原発事故発生	
	5月	ファミコン用ソフト「ドラゴンクエスト」発売	
	10月	イギリスで金融ビッグバン実施	
昭和62年（1987）	2月	**NTT株式東証上場**	
	4月	JR発足	竹下（11月）
	10月	ニューヨーク株式市場の「ブラックマンデー」	
昭和63年（1988）	3月	東京ドーム完成	
	6月	リクルート事件発覚	
	12月	リクルート事件で宮澤喜一蔵相が辞任	

1

なんとなくの大蔵省入省と、消費税導入をめぐるバトル

松田聖子、田原俊彦、近藤真彦がデビューし、ジャイアンツの王貞治が引退する一方、大蔵官僚から政治家に転身した大平正芳首相が急死し、初の衆参同時選挙が行われた昭和55（1980）年、私は大蔵省に入省した。時代は昭和の終わり。まさかこの先に「失われた30年」が待ち受けているなど、日本人の誰もが思いもよらなかった

〝平和な時代〟

だった。

平成の日本経済を語る前に、その前提として、私が大蔵省に入省した昭和55（1980）年頃から昭和の終わり、つまり昭和63（1988）年くらいまでの話をしよう。ただし、私は当時、下っ端役人として政治はおろか、経済政策立案にも深入りしていたわけではない。そのため、この項は半ば思い出話となる。「オマエの思い出など知りたくない」という読者は、さっさと読み流していただいたほうが、精神衛生上もいいだろう。

＊＊＊

私の入省当時、高度経済成長時代の年率10％は望むべくもなかったが、それでも**昭和50（1975）年度から平成2（1990）年度の平均成長率は実質4・4％と、それなりに経済の伸びが実感できた時代**であったことは、覚えている人も多いだろう。日本車の生産台数がアメリカを超え世界一になったのも昭和55年だ。

東大理学部数学科と経済学部経済学科出身で学生結婚もしていた私は、大蔵省が話題作りのためにたまに設ける「変人枠」で採用された。当初は研究者の道も考えていたが（今でも夢は数学者になることだ）、大学院入試の当日が嵐だったため、「大蔵省に入れば、台風のなか試験を受けに出かけなくてすむ」と考え、大蔵省を選んだ。ご存じのように、大蔵省のキャリア官僚の大半は東大法学部出身だが、「2年にひとりぐらいは、キミのよう

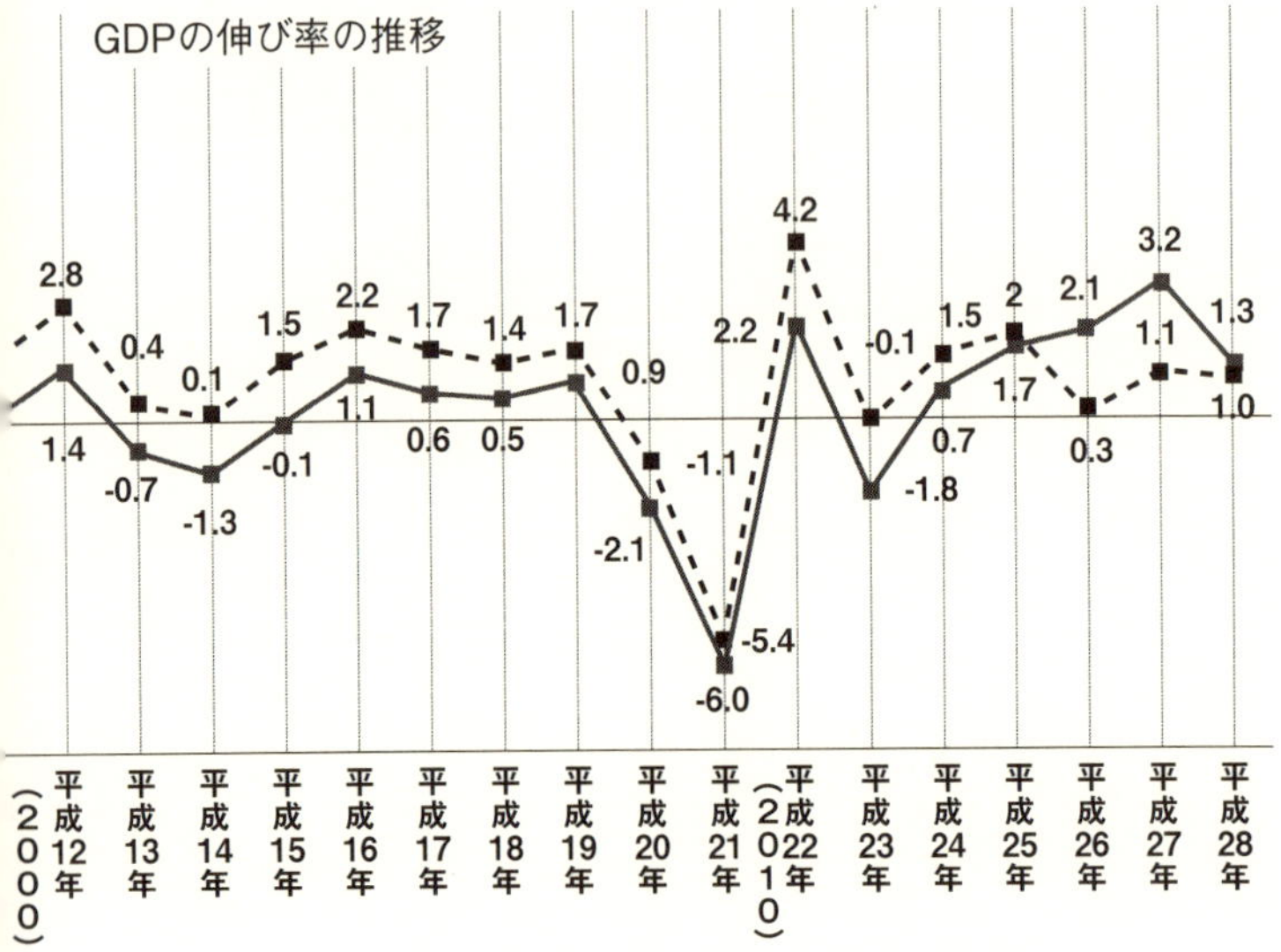

な人材がいてもいいんだ」と言われて入省したのである。**「官僚になって日本を動かしたい」などという大それた思いなど、みじんもない。**

最初の2年を証券局で過ごした後、大臣官房の調査企画課にある財政金融研究所（現・財務総合政策研究所）に配属された。大蔵省のキャリア官僚は、この時期は経済理論研修を受けるか留学するのが常だ。しかし、私は上司から「そんなもの、オマエには必要ないだろうから、財政金融研究所に行け」と言われ

「失われた30年」で低空飛行を続ける日本経済

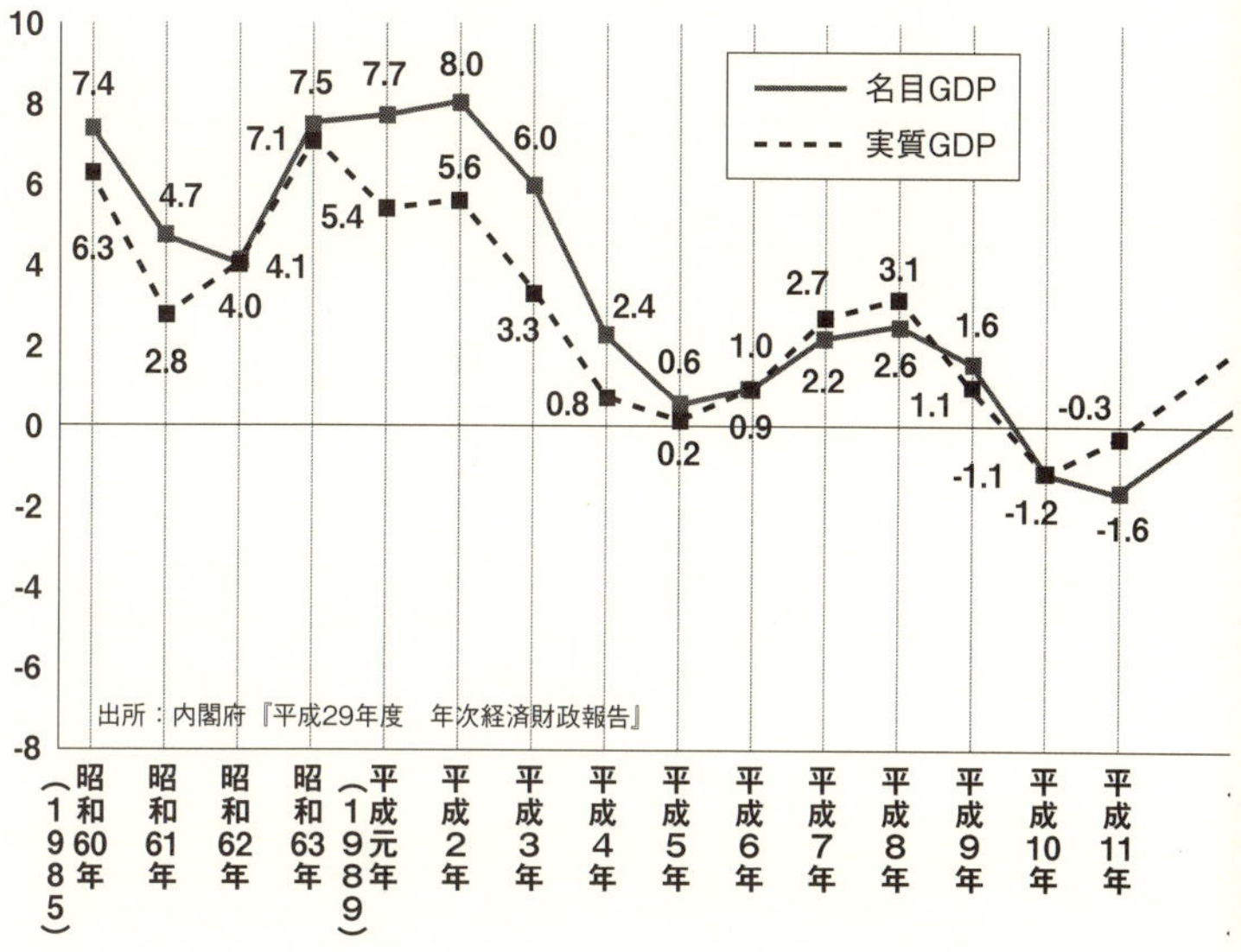

出所：内閣府『平成29年度　年次経済財政報告』

た。根が文系の官僚とは違い、私がとことん理系脳だったからだろう。

　財政金融研究所に配属された際、ひとりの人物と知り合うこととなった。日本開発銀行から出向していた竹中平蔵氏である。無論、のちの小泉純一郎政権で一緒に政策のかじ取りをすることになるなど、そのときは知る由もなかった。

＊　＊　＊

　その後、私は香川県高松市での税務署勤務を経て、昭和61（1986）年から2年間、課長補佐として公正取引委員会（公取委）に出向した。

その際に関係した大きな変化のひとつが、昭和63（1988）年12月に成立した「消費税法」だ。私が大蔵省に入る前年の昭和54（1979）年に大平正芳内閣が「一般消費税」を、昭和62（1987）年には中曽根康弘内閣が「売上税」の導入を目指したが、いずれも国民の大反対にあい、その構想はついえていた。そうした壁を超えて、ようやく平成元（1989）年4月に消費税が導入されることになったのだ。

なお、**このときの消費税導入はアリ**だった。念のため言っておくと、私は消費税に何が何でも絶対的反対論者ではない。税の導入や増税にはタイミングが大事なのだ。このタイミングの計り方も、のちのち明らかにしていこう。

さて、消費税導入に際して、増税分を価格に上乗せすることを業者間で取り決める「転嫁カルテル」を認めるかどうかが問題になっていた。中小零細業者は取引先の大企業から「価格を上げるな」と言われれば、たとえ増税分でも値上げしにくくなるが、転嫁カルテルを認めれば堂々と値上げをすることができる（無論、便乗値上げは論外だが）。大蔵省は、とにかく事業者に余計な負担やあらぬ疑念が生じないよう、スムーズな消費税導入を目指していた。

消費税をめぐる“戦い”の歴史

首相	年月	状況
大平正芳	昭和54(1979)年1月	財政再建のため「一般消費税」の導入を閣議決定。同年9月、総選挙活動中に国民の反発の強さから導入断念を表明。選挙結果は自民党の1議席減
中曽根康弘	昭和62(1987)年2月	「売上税法案」を国会に提出。中曽根首相は、前年に「大型間接税導入はしない」と言っていたため国民的な反対にあい、4月の統一地方選で自民党は敗北。5月廃案
竹下登	昭和63(1988)年12月	自民党の賛成多数で消費税法案成立
	平成元(1989)年4月	税率3%の消費税スタート。6月、消費税導入やリクルート事件の責任で竹下首相辞任
細川護熙	平成6(1994)年2月	消費税廃止と税率7%の「国民福祉税」を導入する構想を突如発表。国民はもとより政権内部からも反発が激しく、数日後に撤回。4月、細川首相辞任
村山富市	平成6(1994)年11月	「減税3年先行、消費税率5%に引き上げ(うち1%は地方消費税)」とする税制改革関連法が成立
橋本龍太郎	平成9(1997)年4月	消費税率を5%に引き上げ
鳩山由紀夫	平成21(2009)年9月	当初は「4年間消費増税取りやめ」を主張するも、結局それをマニフェストに入れなかった民主党が総選挙で勝利し、政権交代を実現
菅直人	平成22(2010)年6月	参院選前の記者会見で「自民党案を参考にした消費税10%」を発表。7月の選挙で惨敗
野田佳彦	平成24(2012)年6月	消費税率を平成26(2014)年に8%、その翌年に10%に引き上げる「社会保障と税の一体改革法案」が衆院で可決。7月に小沢一郎元民主党代表が離党。8月、参院本会議で可決成立。12月の総選挙で民主党が敗れ、自民党が政権を奪回
安倍晋三	平成26(2014)年4月	消費税率を8%に引き上げ
	平成26(2014)年11月	平成27(2015)年10月に予定されていた税率10%への引き上げを平成29(2017)年4月まで延期
	平成28(2016)年6月	平成29年4月予定の消費税率10%への引き上げを2019年10月まで2年半延期

ただし、カルテルを認めるということは、本来の公取委の立場とは真逆であることは言うまでもない。**当時の私は大蔵省の敵どころか反逆児ですらなかったから、自分の省のためにも公取委に転嫁カルテルを認めさせる仕事を粛々と行った**。

もっとも、当時の公取委員長も大蔵省の人間だったので、私の仕事は先に答えを聞いているようなもの。「どうせ転嫁カルテルを認めるんでしょ」という委員会内の雰囲気のなか、うまく理屈立てて誘導していくという非常にラクな業務だった。

さらに、実はここに大蔵省と通商産業省（通産省）と公取委の微妙な関係性もからんでいた。実際のところ公取委のプロパー職員も、大蔵省の姿勢は歓迎材料だったのだ。というのも、**「自由競争で行くべし」という公取委の立場からすれば、ことあるごとに世界基準で見たらカルテル誘導そのものである「産業政策」をねじ込んでくる通産省は、憎き「敵」にほかならない**。

ただし、公取委のような小さな組織に、通産省がモロに圧をかけてくると、どうしても負けてしまう。そこで、「用心棒」として登場するのが大蔵省だ。大蔵省は公取委が推進する自由競争を特に支持していたわけではないが、本能的に通産省と張り合う性質を持っているから、勝手に通産省の産業政策をつぶしてくれる。つまり、大蔵省がついていれば、

平成元年4月1日、消費税導入初日に日本橋三越でネクタイを購入する竹下首相。

結果的に公取委の思い通りの方向に落ち着くことになるわけだ。

　歴代の公取委員長のほとんどが大蔵省出身である、言い換えれば「公取委＝大蔵省の植民地」であるのは、こうした省庁間のパワーバランスという背景もあるからなのである。

　ちなみに「産業政策」とは、単なる業界指導の根拠法作りのこと。したがって、通産省が産業政策で高度経済成長をリードしたというよく聞く話は完全に間違いだ。**通産省は常に民間企業から提供されたデータをもとに、政策目標を立てただけ。要は、常に民間のビジョンを後追いしていただけだということ**を、最後に付言しておこう。

2

固定相場制への誤解が生んだ、「プラザ合意」のデタラメ解釈

昭和60（1985）年、ニューヨークのプラザ・ホテルで行われたG5において、いきすぎたドル高を是正する「プラザ合意」が発表された。一般的には、ドル高是正のために各国が外為市場に協調介入することになったとされているが、真相は違う。実は、**為替に関するある状況をカッコつけて言い換えただけ**なのだ。

私が大蔵官僚となって5年目の昭和60（1985）年9月22日、ニューヨークのプラザ・ホテルでG5（アメリカ、イギリス、西ドイツ、フランス、日本の5カ国蔵相会議）が開かれ、為替レート安定化に関する合意が成立した。世に言う**「プラザ合意」**である。

このプラザ合意以降、「アメリカの圧力によって、政府が円高誘導をするようになった」といわれているが、これはまったくのウソ。むしろ、「政府が為替に介入しなくなったことで円高になった」というのが正しい。**単に「介入をやめます」と宣言しただけのことを、「プラザ合意」とカッコつけて言い換えているのが実情**なのだ。

では、なぜ真相は「介入をやめた」ということなのに、「介入をするようになった」と流布されるのか。その理由は、根本的に固定為替相場への誤解があるからだろう。

たとえば戦後長らく続いた1ドル＝360円という円ドル相場。なぜこれが続いたかについて、多くの人が「固定制だからレートが変わらなかったんでしょ」と思っているだろう。だが、それは戦後日本経済における〝大いなる誤解〟なのだ。実は為替が絶対に動かないように、政府は裏でガンガン介入してレートを維持していた。つまり**固定相場制というのは、政府が為替に介入しまくることで初めて維持できるもの**なのである。

このことを前提にして、固定相場制から変動相場制に移行したとされる昭和48（197

3）年2月以降を考えてみよう。このときも、**「変動制になりました。あとは市場に任せます」というのは建前であって、実際には「ダーティ・フロート」と呼ばれる為替介入がずっと続けられていた。ありていに言えば、円を安く設定しておくために、裏では猛烈にカネを刷りまくっていた**わけである。

事実、大蔵省内にいれば為替を管理しているのが丸わかりだ。実際に為替を管理する課があって、課長をはじめ全職員が「介入？　やっているよ。それが何か？」という雰囲気なのである。だから私の入省当時は当然、変動相場だったものの、それは建前で真の変動相場ではないことくらい承知していた。

ところがプラザ合意以降は、そうした介入をすることはなくなった。為替レートを市場に任せ、本当の意味での変動相場制にしたのだ。

介入がなくなると、為替の動きはきわめてシンプルになる。**金融緩和で円の量を増やせば、円の価値がドルに対して相対的に低くなるから円安になる。逆に、各国が金融緩和を進めているのに円の量を増やさなければ、円の価値が上がって円高に振れる。**

プラザ合意以前は、介入しまくっていたために、表面上のレートは実際の円の価値よりも低く設定されていた。ところがホンモノの変動相場制になったことで、円とドルそれぞれの総量の比が、そのままイコール為替レートということになったのだ。

このことは、**日本経済が円安という「下駄を脱いだ」**ことを意味する。高度経済成長時代はアメリカのお目こぼしで円を安くしていたが、レートが適正化されたことで、これ以降が日本経済の本当の実力が問われる時代になったのだ。

実際に、プラザ合意前の円ドルレートは1ドル＝235円前後だったが、1年後には150円前後になった。ところが、円高不況の心配もなんのその。プラザ合意からときを経ずして、日本は「バブル景気」に突入していく。

プラザ合意の直後からバブル期が始まっているために、バブルの原因をプラザ合意に求める声もある。確かに、プラザ合意を反映した金融緩和政策（度重なる公定歩合の引き下げ）のため日本では資金の過剰流動性が生じ、株式や土地に資金が集中してこれらの価格をつり上げた。

もちろんそうした要因もゼロではないだろう。だが、実はバブルを誘発した根本原因はもっと別のところにあった。第1章でそれを詳しく説明しよう。

3

NTT株上場で浮かれ続ける証券会社との攻めぎ合い

昭和62（1987）年、史上最大規模となる新規上場が行われた。そう、バブルのひとつの象徴ともいえるNTT株の上場である。これによって〝束の間〟とはいえ多くの株長者が誕生しただが、彼らは決して勝者ではない。この上場をドライブにした株ブームの真の勝者は、**旧態依然としたやり方で荒稼ぎをした証券会社**だった……。

これまで見てきたように、私は入省以来、大蔵省のラインの末端にあって、フツーに大蔵官僚としての務めを果たそうとしていた。しかし、実はそうしたなか、大蔵省の描く青写真に楯突いたことがある。なんとなく、組織の言いなりで仕事をしているということに反発してみたくなったわけだ。思えば、これが大蔵省（財務省）に刃向かった最初の出来事ということになる。

公取委時代のこと。世はすでにバブルの活況を呈していた。なかでも話題となったのが、**昭和62（1987）年2月9日に東京証券取引所（東証）に上場したNTT株**である。これをきっかけに、空前の株ブームが起きたのを覚えている人も多いだろう（なかには忘れたいという人もいるだろうが）。

この時期、当然、証券会社の儲けも膨らんでいた。そこで私は、「証券会社の固定手数料はカルテルだ。これはけしからん」という意見を発したのだ。

それまで各証券会社の間には東証の規則に基づく〝カルテル〟があり、どこの証券会社も同じ手数料で固定されていた。これに対し、世間では「手数料を自由化せよ」という声が高まっていた。私は、その声にそった意見を言ったまでだ。

ただし、これは公取委としては素晴らしい意見だが、大蔵省の意思とは異なる。なぜなら**東証も大蔵官僚の天下り先のひとつであり、東証の会員会社とともに利権の共犯関係にあった**からだ。

もちろん、お叱りは受けたが、意外にも理解者がいた。証券局の局長である。高校の先輩でもあった彼は、「髙橋君の言うことはもっともだ」と言ってくれた。ただし、考えてみればそれもそのはず。なぜなら、証券局は証券会社の監督部署だから、「証券会社の儲けすぎを放っておくのか！」と世間からのバッシングをモロに受ける。それがイヤだったので、「段階的な自由化」ならばＯＫということで話がついたのである。

こうして、結果的には公取委の意見に大蔵省が屈したという形で、大蔵省の証券行政の一環として、手数料自由化を段階的に推し進めることとなった。

公取委という大蔵省のからめ手から、うまく仕事を進めたこともあっただろう。味方になってくれた証券局長の「髙橋はいいヤツだから、次の異動の際には証券局に」という一言から、証券局に異動となった。「証券手数料の自由化はオマエが言い出したことだから、落とし前をつけろ」というわけだ。かくして私は一夜にして攻守を交替し、次は証券局の手数料担当になった。

証券会社としては、公取委にいて手数料自由化を進めた私は憎き相手だ。それが監督官庁にきたものだから、彼らも驚いたらしい。もっとも、私としては「段階的な自由化」ということで折り合っているのだから、性急に事を進めようとは考えていなかった。

そこで、手数料自由化は少しずつ進められたが、ペースがいささか遅かったらしい。完全に自由化されたのは平成11（1999）年のこと。その間にも証券会社の儲けは膨らみ続けた。そのうなるような収入が、のちに大問題となる「接待」に使われたのだ。

仮に手数料自由化のスピードがもう少し速ければ、証券会社の儲けもだいぶ減っただろう。しかし、手数料収入というのは証券会社にとって死活問題だから、スピードが速すぎると証券会社から猛反発を食らう。かと言って、遅すぎると世間から非難の声が上がる。そのあたりは、うまくさじ加減をしながら軟着陸させていくしかなかった。

そのことに対する反省というわけではなかったが、以来、徐々に「自我」が大きくなったようだ。実際、証券局にいた3年の間に独自のアイデアを実行するようになった。そのなかの代表的なものが、次の章で述べる「営業特金規制」だ。実はこれにより、株バブルは終焉に向かうことになる。

第1章

問題はバブル崩壊ではない。原因の見誤りと後処理の迷走だ。

平成元年〜平成8年（1989）〜（1996）

本章の年代の主な出来事

（太字は本文関連事項）

年	月	出来事
平成元年（1989）	1月	昭和天皇が崩御
	2月	ソ連がアフガニスタンから撤退
	4月	**税率3%の消費税導入**
	6月	中国で天安門事件発生
	9月	ソニーがアメリカのコロンビア映画を買収
	10月	田中角栄が政界引退
		三菱地所がニューヨークのロックフェラーセンターを買収
	11月	連合結成
		東西ドイツのベルリンの壁崩壊
	12月	米ソのマルタ会談で冷戦終結
		日経平均38,957円を記録
平成2年（1990）	3月	**大蔵省が不動産融資の総量規制を通達**
	10月	東西ドイツ統一
	11月	任天堂のスーパーファミコン発売
平成3年（1991）	1月	湾岸戦争が勃発し、多国籍軍に90億ドル提供
	5月	巨大ディスコ「ジュリアナ東京」開業
	6月	**証券会社損失補填問題発覚**
	7月	**イトマン事件発覚**
	11月	宮沢りえ写真集「Santa Fe」発売
	12月	ソ連解体
平成4年（1992）	6月	PKO協力法案可決
	7月	証券取引等監視委員会発足
平成5年（1993）	1月	米クリントン政権発足
	5月	サッカーJリーグ開幕
	8月	自民党が初めて下野し、8党連立政権発足
	11月	EU（欧州連合）発足
平成6年（1994）	8月	ジュリアナ東京閉店
	11月	年金改革法成立
	12月	ソニーのプレイステーション発売
平成7年（1995）	1月	阪神淡路大震災
	3月	東京の地下鉄でオウムサリン事件発生
	11月	マイクロソフトのウィンドウズ95発売
平成8年（1996）	4月	Yahoo! JAPANスタート
	6月	**住専処理法案成立**
	11月	**政府が「金融ビッグバン」を発表**

内閣

竹下
宇野（6月）
海部（8月）
宮澤（11月）
細川（8月）
羽田（4月）
村山（6月）
橋本（1月）

4

バブルは果たして本当に「悪」だったのか？

一般にバブル期とは、昭和61（1986）年12月から平成3（1991）年2月までの51カ月だとされる。このバブル経済は、とかくネガティブに語られがちだ。しかし、私の見解は違う。**「何が悪かったの？」**の一言に尽きる。とにかく、データも見ないで雰囲気や一方的な〝倫理観〟を振りかざす輩が多すぎる。ポイントは**「見るところを変えよ」**である。

日本では「バブル＝悪」というイメージが定着して久しい。しかし、1980年代のバブルは本当に悪だったのか。**厳密に検証してみると「悪」どころか、「プラス」の面が多い**ことに気づくはずだ。

当時の失業率は２％の前半で、インフレ率は２％ちょっと。現在導入されているインフレ目標を前提に採点すれば、経済状況はほぼ１００点をつけていい成績だ。つまり、マクロ経済理論からすると、「バブル経済は悪だった」と結論づけるのは、非常に困難ということになる。

それでもなおバブルを悪者扱いするのは、「世間が浮ついていた」というような感じで、モラルや精神面から論じているからだろう。後になって「バブルは悪かった」という結論の本がたくさん出たが、中身を見ると、その人の失敗談がほとんどである。

一方、**成功した人は絶対にその話をしないから、バブルに肯定的なことが世間で語られることはない（ひどい場合、自分はうまく儲けたにもかかわらず「悪」とする人もいるが）**。その結果、「多くの人が失敗するきっかけとなったバブルは倫理的にケシカラン」というイメージだけが幅を利かせることになり、世間一般のバブルに対するイメージは「悪一色」となってしまったのだ。

もちろん、バブル期を浮ついていた時代と見るのも一理ある。後述するが、企業によるバカみたいなカネの使い方など、問題と思しきものもあった。しかし、「世の中が浮かれてしまって自分が失敗したからバブルは悪」という論理は、まったく科学的ではない。**「バブル期に調子こいて失敗した」というのは、「調子こいてしまったヤツが悪い」というだけのこと。マクロ経済とは何のかかわりもない。**証券会社出身の人が懺悔の本を出したりもしているが、「そんなものはアンタがしくじっただけだろ」の一言で終わる話である。

しかし、かく言う私も、そう確信するようになったのはアメリカ留学以降だ。1998年から2001年まで、アメリカのプリンストン大学に籍を置いたとき、世界中のバブルの研究をする機会があった。各国の研究者とそれぞれの国のバブルについてディスカッションした際、私は「日本のバブルはすごかったぞ」と言ったのだが、みんなの反応は「それがどうした?」というものだった。

「バブルになると景気がよくなるだろ。インフレ率も失業率もいいわけだから、何も悪いことなどない。むしろ1990年代のバブル崩壊後、日本にバブルがないのはどうして?」

と言われ、「確かにそうだな」と思ったものだ。

普通の国は、景気循環のなかで何度もバブルと呼べるような大きな波が来る。他の国はそれぞれ複数回のバブルを経験しているが、日本は一度きり。だから「それは異常ではないか」というわけだ。なかには、「オレの国は10年で3回バブルがあったぜ！」と自慢している人もいた。要するに日本以外の国は、バブルというのは単純に景気がいいときだととらえているわけだから、当然「何も悪いことなどないだろ？」となる。

実に新鮮であり、かつ、御説ごもっともだろう。バブルでコケた個人の話など、マクロの視点から見ればどうでもいい。むしろ、**国を富ますことになったバブルは、少なくとも国家経済的に不幸ではなかった**となる。まさにシンプル・イズ・ザ・ベスト。なんなら、また「いいバブル」を目指せばいいではないか。

次の項で詳述するが、日本のバブルは株価と地価が高騰しただけであって、インフレ率や失業率などの指標はきわめてマトモだった。つまり、マクロ経済の実態で見ると、いたって普通の経済だったのだ。

失業率が低く、インフレ率も緩やかな上昇だったことをとらえれば、「バブルが悪かった」とは到底言えまい。誰もが就職することができた状況を「悪」だと言うのであれば、では若い失業者があふれる世の中を「いい社会」とでも言うのだろうか。自分で言っている言葉の意味さえわからない〝バカ〟には、くれぐれも要注意である。

5

証券と不動産だけの「狭い問題」を、国全体の「広い問題」と誤解した愚

バブル期には激しいインフレが起こっていたと思っている人が少なくない。しかし、実際に価格が急激に上がっていたのは**地価と株価だけ**である。この意味は何なのか。そこを正しく理解しないと、バブルが何であったのかが見えてこない。

私が事あるたびに述べていること、それは**「イメージだけで語ると本質が見えなくなる」という〝真実〟**だ。バブル期は何でも価格が上がり、著しいインフレが起こっていたかのように思っている人がたくさんいるが、そのイメージは正しくない。前項で説明した通り、実際に価格が上がっていたのは土地や株式など一部の「資産価格」だけで、「一般物価」は先ほど述べたように健全な上昇推移を見せていたのだ。

また、バブル期は経済成長率が高かったという認識も誤りである。序章でも触れたが、当時の経済成長率は先進国水準でごく平均的なものだった。

昭和62（1987）年から平成2（1990）年までの経済状況はP17の表の通りだ。実質GDP成長率は4・1～7・1％であり、毎年のように10％を超えていた1960年代の高度成長期とは比べ物にならない。「まあ、普通の経済成長かな」という程度だ。

さらに、物価上昇率は0・1～3・1％なので、これも健全な物価上昇の範囲内だ。オイルショックを契機とする昭和49（1974）年の「狂乱物価」の際の物価上昇率は、年平均23・2％。これに比べればきわめてマトモだ。つまり**一般物価で見る限りは、バブルとはとても言えない**のである。

では、マクロ経済指標から見ればごくごく普通の経済状況だったにもかかわらず、どう

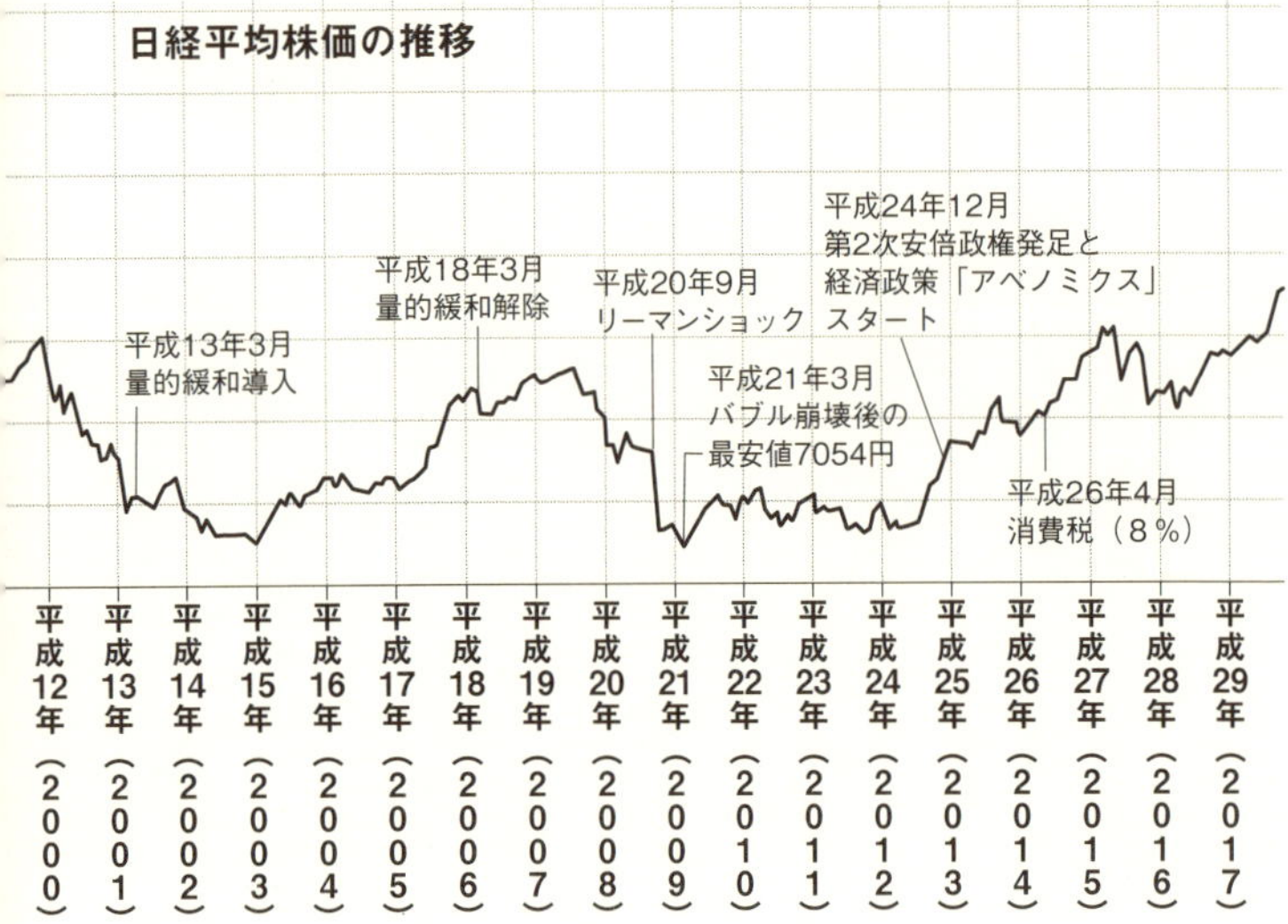

日経平均株価の推移

して「バブル」と言われたのか。その理由は先述の通り「株価」と「地価」である。

昭和61（1986）年には1万5000円程度だった日経平均株価は、翌年10月19日に発生したニューヨーク株式市場の大暴落、いわゆる「ブラックマンデー」で一時値を下げたものの、急騰を続けた。そして平成元（1989）年12月29日の大納会の日に、3万8957円の史上最高値を記録したのだ。

地価に関しては、P40のグ

狂乱株価、その後の低迷、そしてアベノミクス

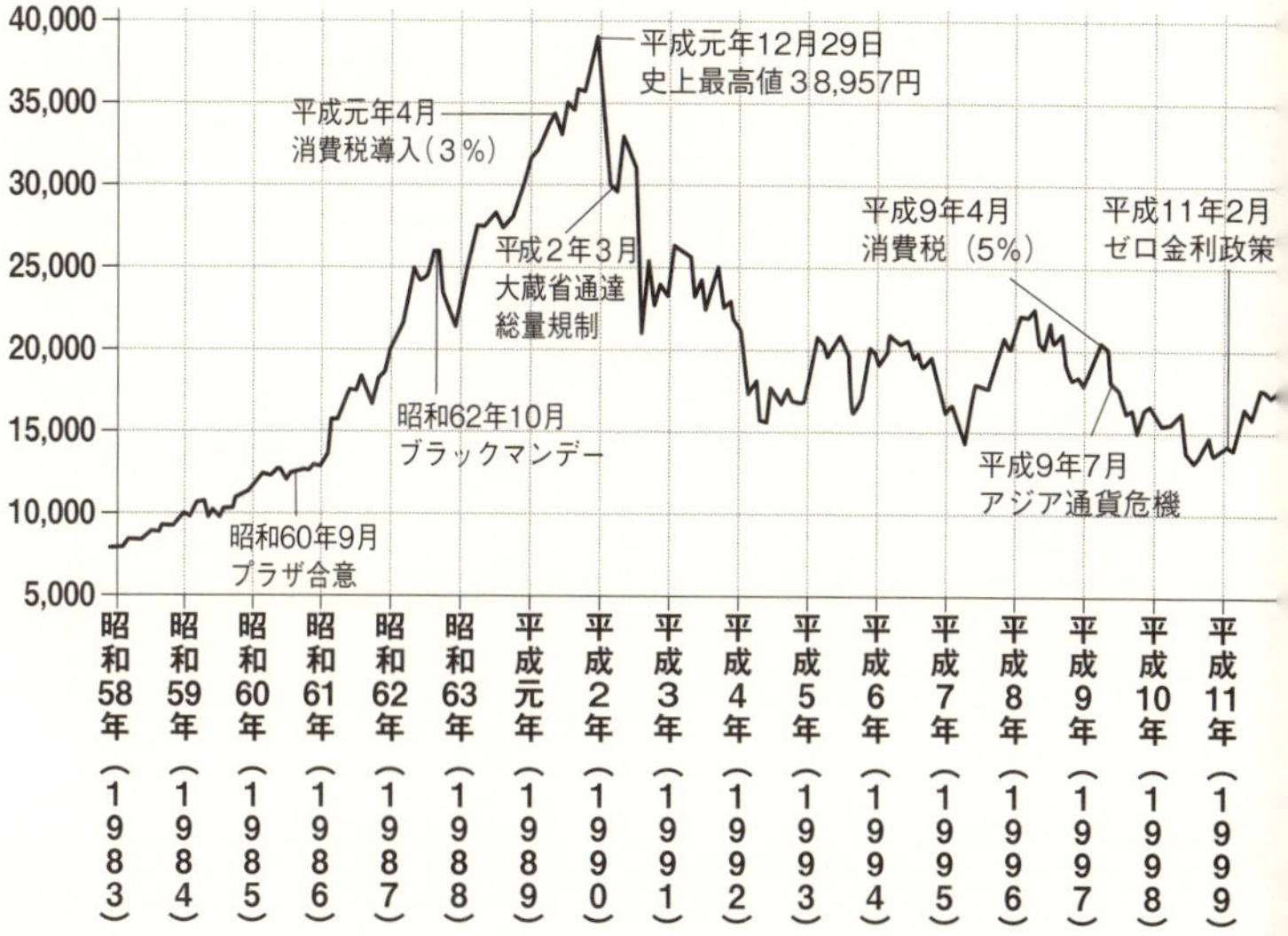

ラフのように株価よりも若干遅れて平成3（1991）年頃にピークを迎える。都心では「地上げ」や「土地ころがし」が横行。狭小な土地を一定規模の大きさにまとめては転売を繰り返し、異常なほど値を上げた。その土地を担保に金融機関はじゃぶじゃぶと融資をし、その資金が不動産市場に流れ込むという凄まじいスパイラルで、さらに地価が上がっていったのだ。

　株価は平成2年になると下がり始め、年末には2万30

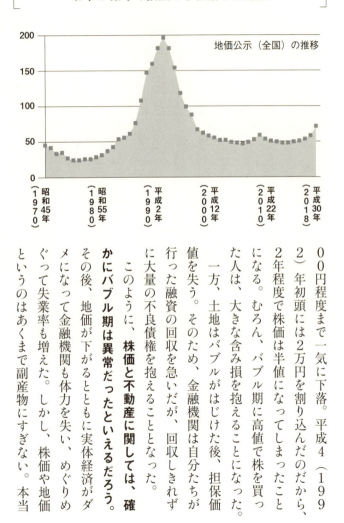

わずか数年で頂点から転落した地価

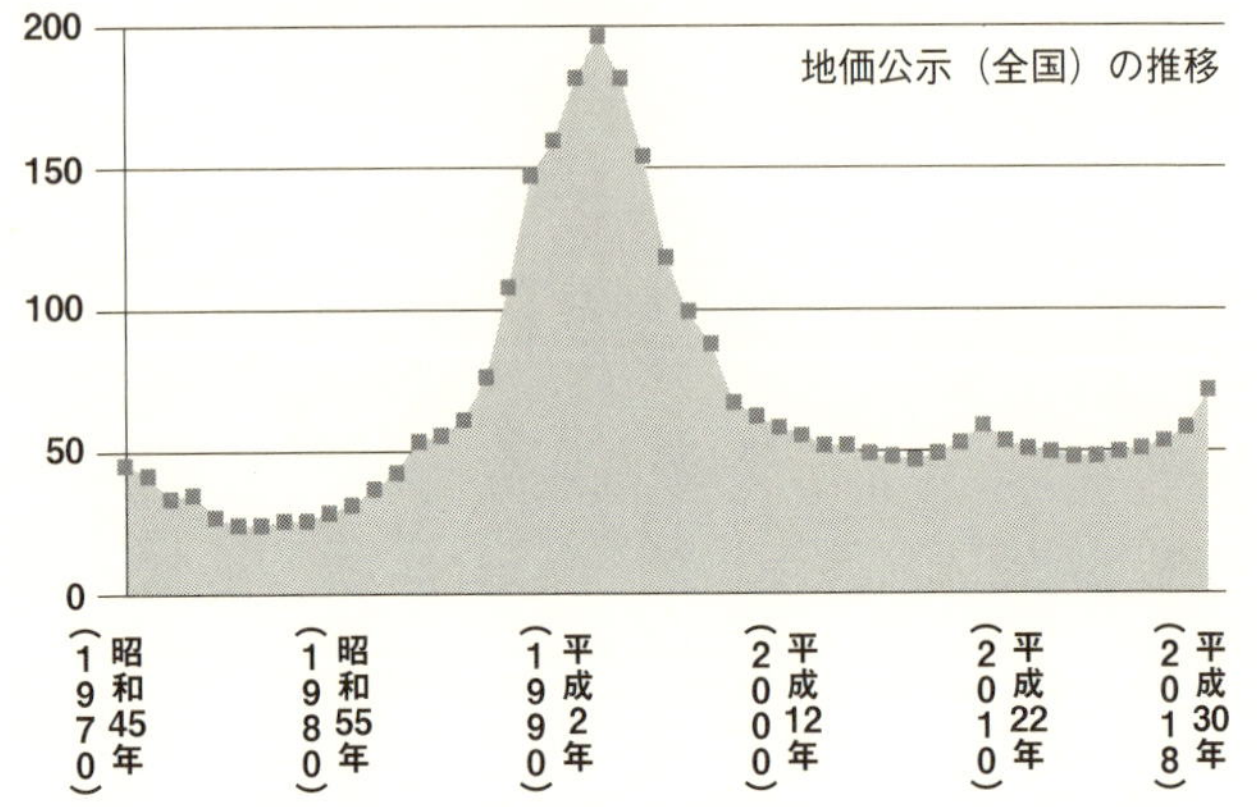

00円程度まで一気に下落。平成4（1992）年初頭には2万円を割り込んだのだから、2年程度で株価は半値になってしまったことになる。むろん、バブル期に高値で株を買った人は、大きな含み損を抱えることになった。

一方、土地はバブルがはじけた後、担保価値を失う。そのため、金融機関は自分たちが行った融資の回収を急いだが、回収しきれずに大量の不良債権を抱えることとなった。

このように、**株価と不動産に関しては、確かにバブル期は異常だったといえるだろう。**その後、地価が下がるとともに実体経済がダメになって金融機関も体力を失い、めぐりめぐって失業率も増えた。しかし、株価や地価というのはあくまで副産物にすぎない。本当

地上げに抵抗する東京南青山の家屋。当時、強引に土地を買いあさる「地上げ屋」の横行が社会問題となった。

に重要なのは、実体経済、つまり失業率やインフレ率がどうだったのかなのだ。

　バブルが崩壊して株価や地価が下がったという例は、世界各地で見られる。問題なのはその対処の仕方だ。日本の場合、それがいかにもマズかった。**証券と不動産という特定の業界だけの問題を、マクロ経済全体の問題として対処してしまったのだ。その犯人こそが日銀**である。これについては、のちほどたっぷりと説明しよう。

6

証券会社がハマった麻薬のような資金回転術

序章でも少し触れた「営業特金」。一般の人にしてみれば「はて、何のことやら」だろうが、これはとにかく放っておいても資産がどんどん増える、証券会社とその顧客にとって**「禁断の打ち出の小づち」**。しかもリスクゼロだ。だが当然、そんな仕組みがいつまでも続くはずがない。私ですら当初はまったく気づかなかった複雑怪奇なシステムこそが、**バブルの主要因**だった。

バブルの原因を一言で言えば、「株式と不動産に成長期待があって、そこに資金が流れ込んだ」となる。金融機関は、仮にまったく知らない人間がふらりと来ても、カネを貸して株式を買うよう勧めた。借金して株を買っても、今よりも高値がつくから貸付金は戻ってくるという理屈だ。

では、株式がどうしてそこまで期待されていたのか。それは、証券会社が考え出した財テク方法に秘密がある。

平成に入る直前の昭和63（1988）年当時、私は省内の証券局というところにあって、株価が急騰している原因を探っていた。そして、株式売買回転率を調べた結果、「営業特金」と「ファントラ」の回転率が突出して高いことが判明する。

営業特金とは、証券会社に資金の運用を委託する財テク手法だ。ファントラは資金運用を信託銀行に任せる金融商品で、実質的な中身は営業特金とほとんど同じといっていい。

私は営業特金という仕組みに興味を持ったが、証券局内にこの仕組みを知る人間はいなかった。ところが、そこに営業特金について詳細な調査をしたある新聞記者が現れて、その内容を私にたれ込んだ。彼は営業特金の問題点を正確につかんでいた。かなり複雑だが、可能な限り簡潔に説明すると次の通りだ。

通常は株の単価が上がった時点で、企業本体で持っている株も単価調整して引き上げなければならない。しかし、営業特金を設定して株をそこに移管すると、営業特金の株の単価だけを引き上げて、本体で持っている株の単価を引き上げなくてもよかったのだ。

企業が持ち合いで持っている株式と、財テクで買った株式の簿価を分離できるわけだから（＝簿価分離）、**営業特金を設定することで、保有する有価証券に莫大な含み益が発生したとしても、顕在化することがないから課税もされない。**

この「簿価分離」は、言ってみれば**「税法上の特典の与えすぎ」**だ。そこに目をつけた証券会社は、財テクの手法としてガンガン売りつけていたのである。証券会社にとって、売買手数料を簡単に稼ぎだせるというメリットもあった。

通常の特定金銭信託（特金）では顧客（企業）が信託財産の運用を指図するが、営業特金では顧客はカネをだけ出すだけで、後の運用はすべて証券会社が行う。

そこで証券会社は、顧客に時価発行増資（エクイティ・ファイナンス）を勧めた。他社の株を引き受けたうえでその株を営業特金に入れ、そこで回転売買をすると株価が上がる。その結果、時価発行増資をする際に莫大な資本がタダ同然に転がり込んでくるのだ。

具体的には、A社の資金でB社の株を買って株価を釣り上げ、B社の資金でA社の株を買って株価を釣り上げるというもの。その結果、A社もB社も株価が上がるため、時価発行増資をすると多額の資本が手に入ることになる。それぞれの会社が自社株を買って値を釣り上げているようなもので、まさに「打ち出の小づち」の資金調達法といっていい。

問題だらけの手法ではあったものの、税法上の抜け道だったから、ここまではグレーではあっても違法ではない。ただ、この先は違法行為だった。

証券会社側が、実質的な利回り保証をしていたのだ。利回り保証が禁止されていることは証券会社も承知しているため、表立ってはできない。そのため、現場の営業担当者は名刺の裏に利回りをこっそり書いて渡していたのだ。

さらに、「株価が下がって含み損が出ても、営業特金の部分は損失補填をしますよ」とも約束していた。**損失補填ということはリスクゼロなのだから、顧客にとってこれ以上魅力的な商品はない。財テクをしたい企業からの注文が証券会社に殺到**するのも当然だった。

営業特金が異常に高い株式回転率を示していたのは、こうしたカラクリがあったからだ。これにつられて一般投資家も株に手を出し、さらに株価が上がるというループが起こっていたのである。これが証券バブルの実態だった。

7

株価の下落と企業救済という、真逆の効果を同時に発揮した「通達」

東から昇った太陽がやがて西に沈むように、空前の好景気もいつかは終わりを告げる。平成元（1989）年12月29日に記録する東証の史上最高値へと株価が突き進む裏で、暴利をむさぼり続ける証券会社と規制をかけようとする大蔵省のつばぜり合いが行われていた。無論一般の人は知らなかったが、ここが、**バブルと日本企業のひとつの大きな転換点**となったのだ。

証券会社は営業特金というスキームを使った、課税逃れ、利回り保証、株価下落時の損失補填という、顧客にとってよだれが出るような特典つきの財テクシステムを作り上げた。それが高速で回転した結果、株価が高騰を続けて証券バブルが起こったというのは前項で述べた通りである。

営業特金のメカニズムを知った私は、このような取引が横行しているのは法律に不備があるからだと考え、すぐに対処するように上司に報告した。それを受けて、上司は私に証券会社の営業姿勢を改めさせる規制を作るように命じた。

営業特金に一定の規制をかけ、事後的な損失補填も禁止する。やる以上は法律にしたいと考えたが、時期的に国会が閉会していたのでそれはできない。そこで、やむなく証券局から「通達」を出すことになった。

通達に先立って、私は各証券会社を回って、証券検査で把握した営業現場の実態を本社の幹部に突きつけた。その際、「利回り保証は違法だ。しょっぴいてもいいんだぞ」と凄もうと思ったが、すぐにそれが現実的ではないことに気づく。というのも、**処罰の対象となる数が多すぎて、証券会社と名のつく企業は軒並みアウト**なのだ。しかも、証券局の前任者は見て見ぬふりをしていたので、こちらも唐突にそんな強気な姿勢には出られない。

そうとなれば、妥協ではあるが、「これまでは不問。これ以降を禁止にする」ということにせざるを得ない。そこで、まず営業の現場で行われているグレーな財テクの実態について、保証利回りなどが書かれた証拠の名刺などとともに証券会社の本社の人間に伝えた。

そもそも、**株価が上がり続けていたから問題にはならなかったが、仮に株価が下がった場合、証券会社は多額の損失補填をしなければならなくなり、たちまち経営に大打撃となる**。事実、「そのせいでつぶれる」と青ざめた会社幹部もいた。ただし「通達」が出れば、それを名分に損失補填の約束を反故にできる。そのように伝えたところ、「早く出してください」と懇願された。本社としては、通達はむしろ「渡りに船」だったのだ。

証券局の会議において、局長に「この通達を出したら株価はどうなる?」と聞かれたので、私は「下がります」と答えた。株高の原因が売買回転率にある以上、回転率が下がれば株価が下がるのは当然のこと。そう聞くとおじけづきそうなものだが、局長は「それでもよし」と決断した。

かくして、「証券会社の営業姿勢の適正化及び証券事故の未然防止について」という通達が出され、営業特金は規制されることになった。平成元（1989）年12月26日のことだ。そう、皆さんお気づきであろう。その3日後の大納会の日に、株価は3万8957円の史上最高値を記録するのである。**年明け早々の日経新聞には「株価は6万円に達する！」という噴飯ものの予想まで掲載**された。事態を知らないとはいえ、〝天下〟の日経がこんな調子だから、誰もが株価のさらなる上昇を信じて疑わなかったのも当然だ。

だが、私は株価は下がると見ていた。証券会社の営業特金だけでなく、信託銀行の「ファントラ」も銀行局通達によって禁止することになり、実際に平成２（１９９０）年から株価が下がり始めた。もし**通達を出さずに営業特金を放置していたら、多くの証券会社や信託銀行がクラッシュした**に違いない。その意味で、**通達は異様な株価高騰を終わらせるきっかけになったと同時に、多くの会社を救った**といえる。

なお、不動産取引に関しても、大蔵省銀行局は問題意識を持っていた。不動産については、昭和58（１９８３）年頃から急騰した土地価格を安定させるため、昭和61（１９８６）年以降、再三にわたって通達を出していたが効果がなく、平成2年3月に不動産融資総量規制が出された。不動産価格は反応するまで時間がかかるが、この通達が出されて1年が経つと、土地の値段は大幅に下がり始める。

世間ではまだバブルが終わったとは思われていなかったが、私のなかでは営業特金規制と不動産融資総量規制によってバブルの終焉が確信へと変わったのだった。

8

銀行マンの欲から生まれた「イトマン事件」という〝あだ花〟

平成3（1991）年は、いかにもバブル崩壊間もない時期らしい、華やかりし時代には見えなかった〝膿〟ともいうべき事件が多発した。証券会社も銀行も本分を忘れ、ただただ**マネーゲーム**に走る、というより飲み込まれてしまった結果、そのツケを払わされる。**当然といえば当然の報い**だが、私ももっと早く規制しておけばと、自省の念がないわけではない。

今思い返しても、バブル期の金融業界というのはめちゃくちゃだった。カネを貸す銀行も、運用する証券会社も、うなるようなマネーにおぼれて狂乱していた。

かつて、三洋証券という会社があった。その会社のディーリングルームは大きな体育館ほどの規模があり、まだ若手だった私も課長と一緒に行ったことがあるが、とにかく違和感があったのを覚えている。こんなに大きなハコが必要なのかという単純な疑問もさることながら、**会社で何億円もするクルーザーを所有**しているという話を聞いて、金融業は我々と違う世界に住んでいると感じたものだ。

私はバブル期を知らない人に、『バブルへGO!! タイムマシンはドラム式』という映画を観るよう勧めている。当時の狂騒が一発でわかる〝佳作〟だ。そのなかに船上パーティのシーンが登場するのだが、まさにこの映画のようなバカげた光景が、実際に三洋証券のクルーザーの上で繰り広げられていたのを目の当たりにした。官僚がそんなところに行こうものなら、超バブリーなお土産を手渡されて簡単に籠絡されてしまうこと必至だ。

会社でクルーザーを所有しているなどというのは、証券会社くらいのものだった。その頃、野村證券は1兆円ほど利益を出して大変な話題になったし、どの証券会社も莫大な利益を叩き出していた。まさに「儲かりすぎて使うところがない」という有様で、そうしたカネがクルーザー購入やら、そこを舞台とした接待やらに使われたのである。

一方、世間ではバブルだなんだと言ってはみても、そこまで羽振りがいい人はそんなにはいなかったように思う。証券会社の狂乱ぶりに、今さらながら「証券手数料の自由化」をゆっくりやったことに良心の呵責を感じたものだ。

バブル崩壊後の平成9（1997）年、そんな三洋証券も戦後初となる証券会社倒産の憂き目にあってしまったが、クルーザーに使うようなカネを少しでも内部留保しておけば、倒産までは至らなかったのではないかと思う。

そうした「バブルの膿」ともいうべき、狂乱の燃えカスが次々と現れだしたのが平成3（1991）年だった。

その代表ともいえるのが**「イトマン事件」**だ。**不動産事業で損失を抱えた中堅商社のイトマンと、そのメインバンクの住友銀行が、闇の勢力に取り込まれた事件**である。住銀は、絵画取引やゴルフ場開発などの名目で巨額の資金を吸い上げられ、約5000億円の損失を出した。この年、大阪地検と大阪府警は強制捜査に着手。その後、商法の特別背任、業務上横領などの罪で住銀出身の河村良彦イトマン元社長や伊藤寿永光同元常務、そして「財界のフィクサー」と呼ばれた在日韓国人の許永中氏らが逮捕され、実刑判決が下された。

また、単なる大阪の料亭の女将が天才相場師と崇められ、日本興業銀行から多額の融資を受けた巨額詐欺事件もこの年、明るみに出た。高級料亭や雀荘の経営のかたわら株で稼ぎ、**「北浜の天才相場師」**と呼ばれた彼女は、占いで株の値動きを予想していた。彼女が「この株が上がるぞよ！」と予言すると本当に株価が上がったそうで、銀行関係者にも〝信者〟がたくさんいたという。

彼女は神のお告げを受けたという投機的な株の売買で「女帝」と呼ばれたが、やがてバブルが弾けて詐欺罪で逮捕。投資の怪しげな手法や、延べ約２兆８０００億円というあまりに巨額な借入金額などが、週刊誌やテレビのワイドショーをにぎわせた。

イトマンにせよ料亭の女将にせよ、今からすると「なぜ銀行がこんな会社に融資をするのか」と思われるだろう。だが、**バブルの雰囲気のなかでは、ちょっと素性の怪しいところに貸してしまったという話はよくあること**。業績を上げたい銀行マンが「地雷」を踏んでしまったにすぎない。本来は数字を見て融資をするか否かをドライに決めればいいものを、欲にからんで変に色気を出すからこういうことになる。

このような事例を見ると、やはり**銀行業はＡＩにやらせるほうが打率は高い**だろうな、と考えてしまうのは果たして私だけであろうか。

9

未曾有の大惨事を引き起こした、「平成の鬼平」による「バブル退治」

バブル当時は「カネ余りだ」と言われていたが、にもかかわらず一般物価がさほど上がらなかった。ところが日銀は、平成元（1989）年から**金融引き締め策**を打つ。私は**違和感アリアリだった**が、のちにアメリカに留学し、世界的学者たちと話していくうちに、違和感が正しかったことを確信した。これが「失われた30年」という**悲劇の始まり**だったのだ。

１９８０年代のバブルの実態は、先述したように株価と不動産価格が過熱した「資産インフレ」だった。それに反して、一般物価はさほど上昇していない。

世間ではさかんに「カネ余り」と言われたが、もし通貨供給量が過剰であるならば、一般物価も当然上がるはずなのだ。**理論上、もっとインフレにならなければおかしい**。

そんな状況で、日本銀行は「バブル退治」の名のもと、金融引き締めをするという行動に出た。当時、私はまだ「インフレ目標」というものを知らなかったが、株価や地価ではなく一般物価を指標にして金融政策を打つべきという感覚はあったので、日銀のバブルへの対応に一種の〝気持ち悪さ〟を感じていた。ムードだけで政策を打っているように思えてならなかったのだ。

その後、のちに日銀副総裁となる岩田規久男氏に「髙橋君、君は日銀のやっていることをどう思うかね」と聞かれたことがある。岩田氏も日銀の金融引き締めに疑問を抱いていて「大蔵省もオレの味方をしてくれないかなあ」と言うのだ。

当時、私が在籍していたのは日銀を手足のように使う部署だったものだから、批判をするとそれがそのままブーメランとなるために、立場上はあまり日銀の悪口は言えなかった。そのときは「岩田先生の言う通りだと思います」とだけ伝えたが、なぜそう思ったかは自分でもうまく説明できる自信がなかった。

このモヤモヤにすっきりとした回答を与えてくれたのが、アメリカ留学時にお世話になったベン・バーナンキ教授である。

私は平成10（1998）年からアメリカのプリンストン大学に留学をし、のちにFRB（連邦準備制度理事会）の議長になるバーナンキ教授に、「バブルのときに、どのような政策をとればいいのか」という質問をした。彼の意見は実にシンプルなもので、いわく、**「地価が上がろうとも、一般物価が上がらなければ何もしない」**とのこと。重要なのは一般物価のインフレ率であって、地価や株価ではないというのだ。

正直、もう少し細かい解説を期待していたので、答えのあまりのシンプルさに拍子抜けしてしまった。しかし、それを聞いて、日銀はムードだけで政策を打っていたことが、改めて思い起こされた。P58の図にある物価上昇率だけ見れば、日銀があの局面で引き締めをする必要はなかったのである。

円高不況が懸念された昭和55（1980）年8月から昭和62（1987）年2月まで、日銀は10回にわたって公定歩合（当時の政策金利）を引き下げて景気を刺激しようとした。

ところが、株と土地の値段が上がってしまったことに焦り、平成元（1989）年5月に

日銀が打ち間違え続けた金融政策

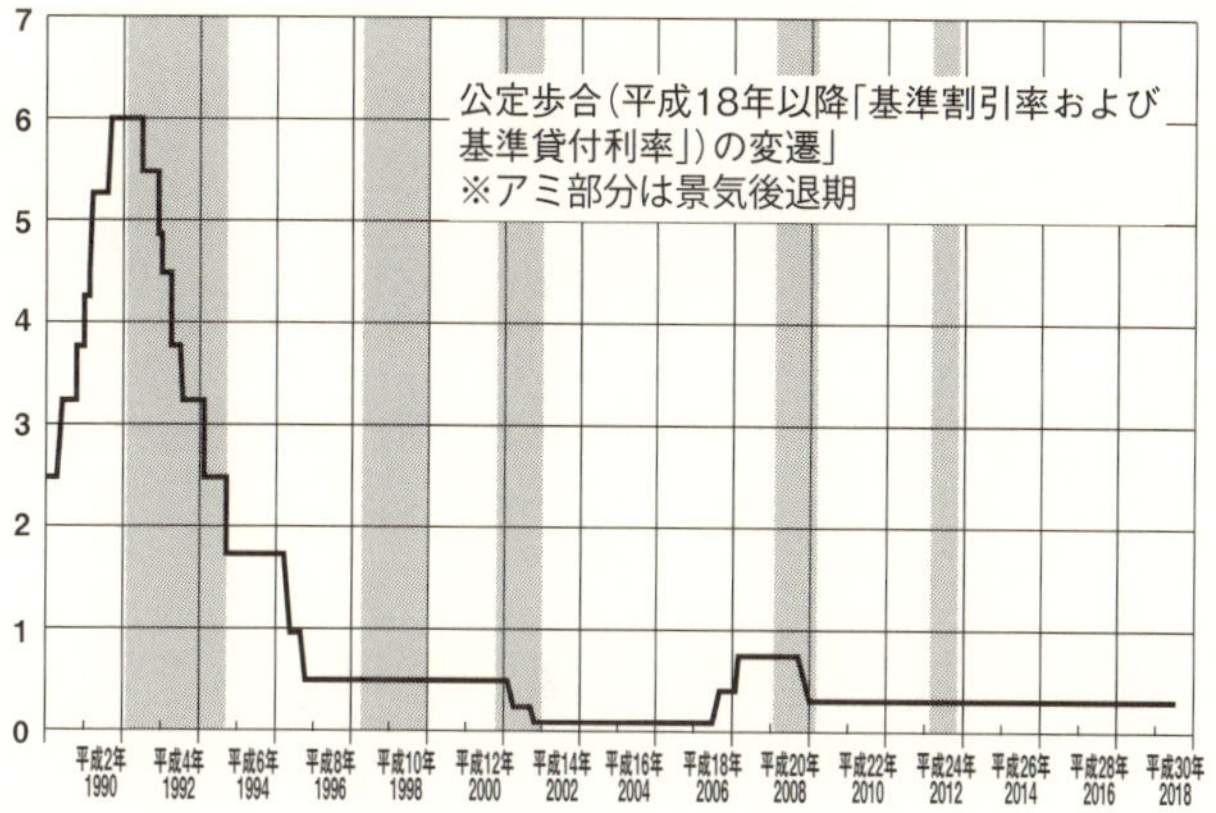

引き上げを実施。さらに同年12月、三重野康副総裁が総裁に内部昇格すると、翌年8月までに3回も公定歩合を引き上げたのだ。公定歩合は6％に達し、このあたりから三重野氏は「平成の鬼平」と呼ばれるようになった。

しかし、**平成元年に最高値をつけた株価は翌年1月から急落。前の項目で説明した大蔵省による営業特金規制を検討し始めた後の平成元年10月、12月、翌平成2年3月、8月の利上げは明らかに余計**だったのだ。

このときに引き締めを行わなければ、バブルは単に「よい経済だった」ということで終わっていただろう。多くの人が「バブル＝悪」で、それを退治した「平成の鬼平」

バブルは決して物価高騰時代ではなかった

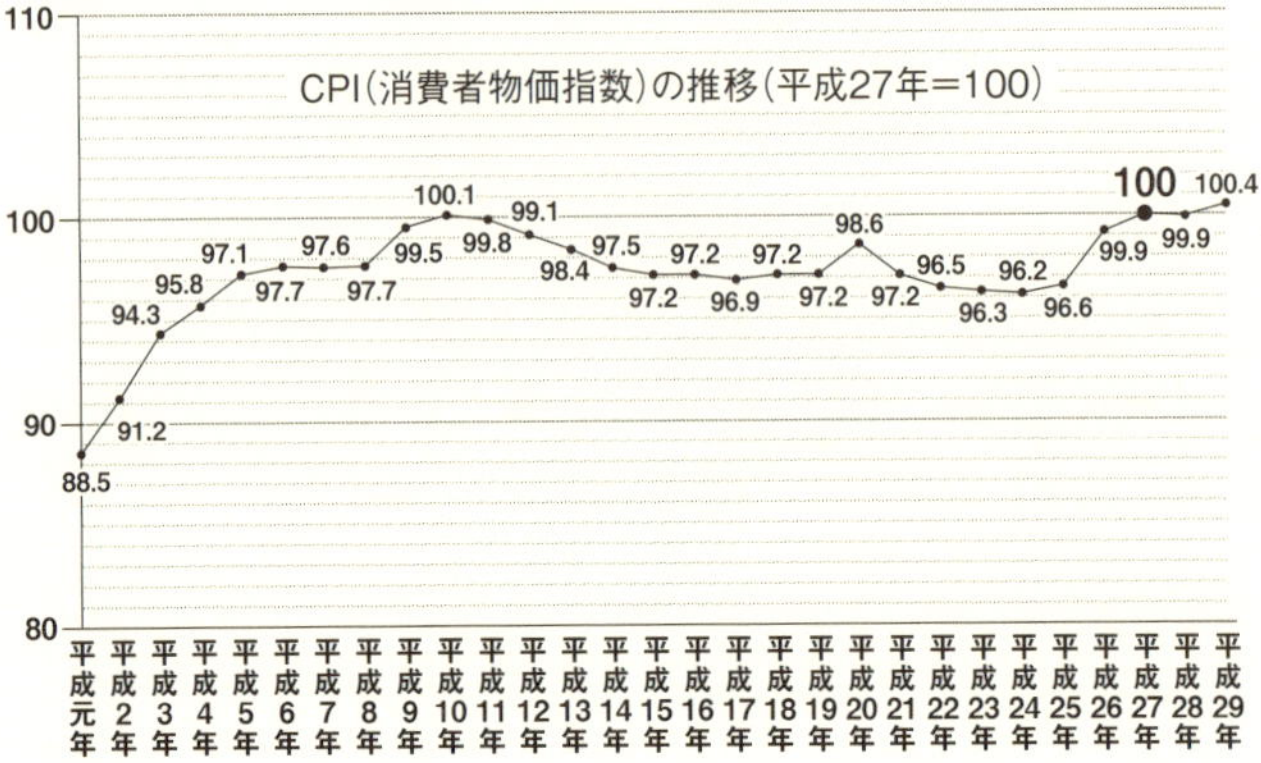

は立派だったと思っているが、もしあの頃インフレ目標があったら、CPI（消費者物価指数）の上昇率がおおよそ1〜3の間に収まっているのだから、「何もしてはいけない」という答えしか出なかったはずだ。となると、「平成の鬼平」と呼ばれた三重野日銀総裁は、一体何を退治したというのだろうか……。

冒頭に述べたモヤモヤの理由ともつながるが、大蔵省による営業特金規制で行きすぎた資産インフレバブルの芽を摘み取った。ところが、私の予想より日経平均株価がはるかに下がっていったのはなぜなのか。この原因は次のように説明できる。

日銀はバブルの原因が資産市場の回転率

東大法学部出身で早くから日銀の「プリンス」と目されていた三重野氏。「金融政策はアート」が口癖だった。平成24年、88歳で死去。

の高さにあると見抜けず、マネーの量が原因だと勘違いしたために、金融引き締めにより市場からマネーを引き揚げてしまった。これに尽きるのだ。その結果、その後も日銀はこの間違いを認めないどころか、まるで旧日本軍のように意固地になって間違った政策を打ち続ける。

バブル後の20年間におけるマネーの伸び率は、日本が先進国のなかで最低だ。**デフレを引き起こし、なおかつそれを放置し続けた源流は、さかのぼればこの当時の日銀の金融引き締め政策＝マクロ経済の見誤りにあった**のである。

10

マスコミも行政も知らなかった、「不良債権処理」の本当の意味

当時、世をにぎわせた言葉のひとつが「不良債権処理」だ。金融機関は**合計100兆円を超す融資を実施**。その大部分がバブル崩壊後、不良債権化してしまったのである。ところが、実はほとんどの人が不良債権の定義すらわかっていなかった。この日本経済を揺るがしかねなかった**ガン細胞**を、どのように取り除いていったのか。舞台裏を紹介しよう。

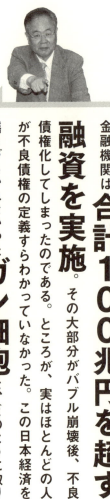

平成5（1993）年、結党以来初めて自民党が下野し、8党連立政権ができたが、その頃の私は役所に閉じこもっていて、政治には何の関心もなかった。正直、それどころではなかったのである。

当時の上司は変わった人で、私がキャリア官僚であることを承知で、通常ならば行かせないような金融検査部に異動させた。仮にキャリアが行くとなれば、多くは「飛ばされた」場合である。だから、会う人みんなに「何か問題でも起こしたのか」と聞かれた。

だが、私にはミッションがあった。日本経済を大きく揺るがすことになった「不良債権処理」問題だ。1980年代末のバブル経済期に、**金融機関は土地や株式のほか、回収見込みのない物件や低収益の途上国融資などのために、合計100兆円を超す融資を実施**していた。**バブル崩壊後の1990年代前半、その大部分が不良債権化**し、銀行は後処理に苦しんでいたのだ。

当時の金融検査部長は私を見ると、

「よく来た。とにかく不良債権処理だ。なんとか方法を考えてほしい」

と言った。それに対し、私はすぐさま答えた。

「そもそも不良債権とは何か、みんなわからないで困っているのだと思いますから、この件で本を出しましょう」

本を出すことと不良債権処理がどうかかわるのか。

実は、**マスコミはもちろん行政も不良債権の意味を定義してこなかったせいで、何が不良債権か誰もわからない**状態だった。当然ながら、正体がわからないものへの対処法など存在しない。つまり、まずは不良債権の定義をはっきりさせないと、処理の仕方もあいまいなままになる。

事実、当時、さまざまな金融機関が私のところに、不良債権の件で相談に来ていた。現在、**日本文化の保存や観光立国のあり方、生産性などについて積極的に発言しているデービッド・アトキンソン氏も不良債権について相談しに来たひとり**だ。彼は当時、ゴールドマンサックスの日本支社に勤めていた。

こうした状況だったので、不良債権を定義したうえで実際にどのように処理したかというモデルケースを雑誌に連載し、それを1冊の本にまとめる。こうすることで、同じような問題で悩む金融機関に参考にしてもらったほうが手っ取り早いと考えたのである。

上司も了承したので、私は金融検査官（現・金融証券検査官）として地方を飛び回りながら、『金融財政事情』という業界誌に不良債権に関する連載を始めることになった。

平成14年にようやく頭を打った不良債権問題

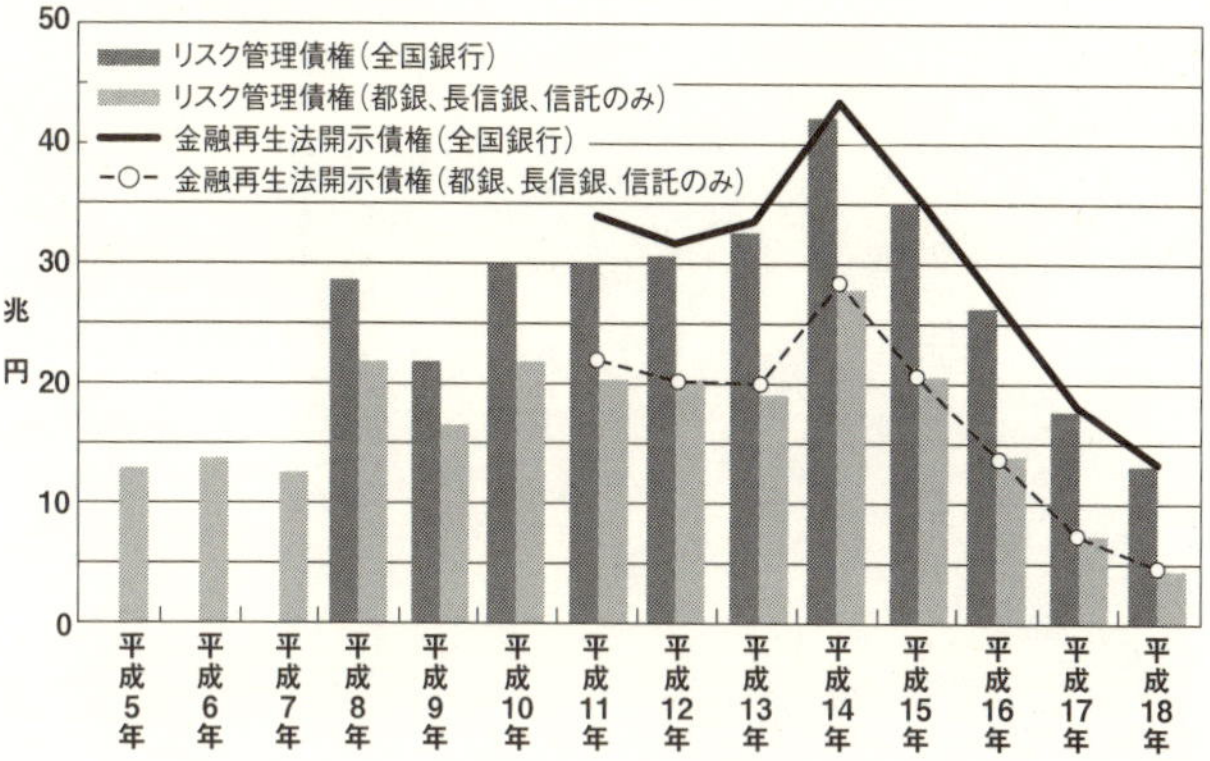

連載のなかで、不良債権を全部数字で計算できる数式を示した。細かい説明は省くが、私の数式を使えば、金利と元本の現在価値と実質価値の差額、つまり不良債権が導き出せた。そうなれば、何をどれだけ処理しなければならないかということが明確になる。

こういった理論的なこととともに、毎号必ず実例をもとにしたケーススタディも載せた。とはいえ、会社名や数字をそのまま出したらいかにもマズイ。そのため、たとえば数字の規模をちょっと変えたりしたものを例として提示した。もっとも知っている人が読めば、一発でどこの金融機関の不良債権事例かわかっただ

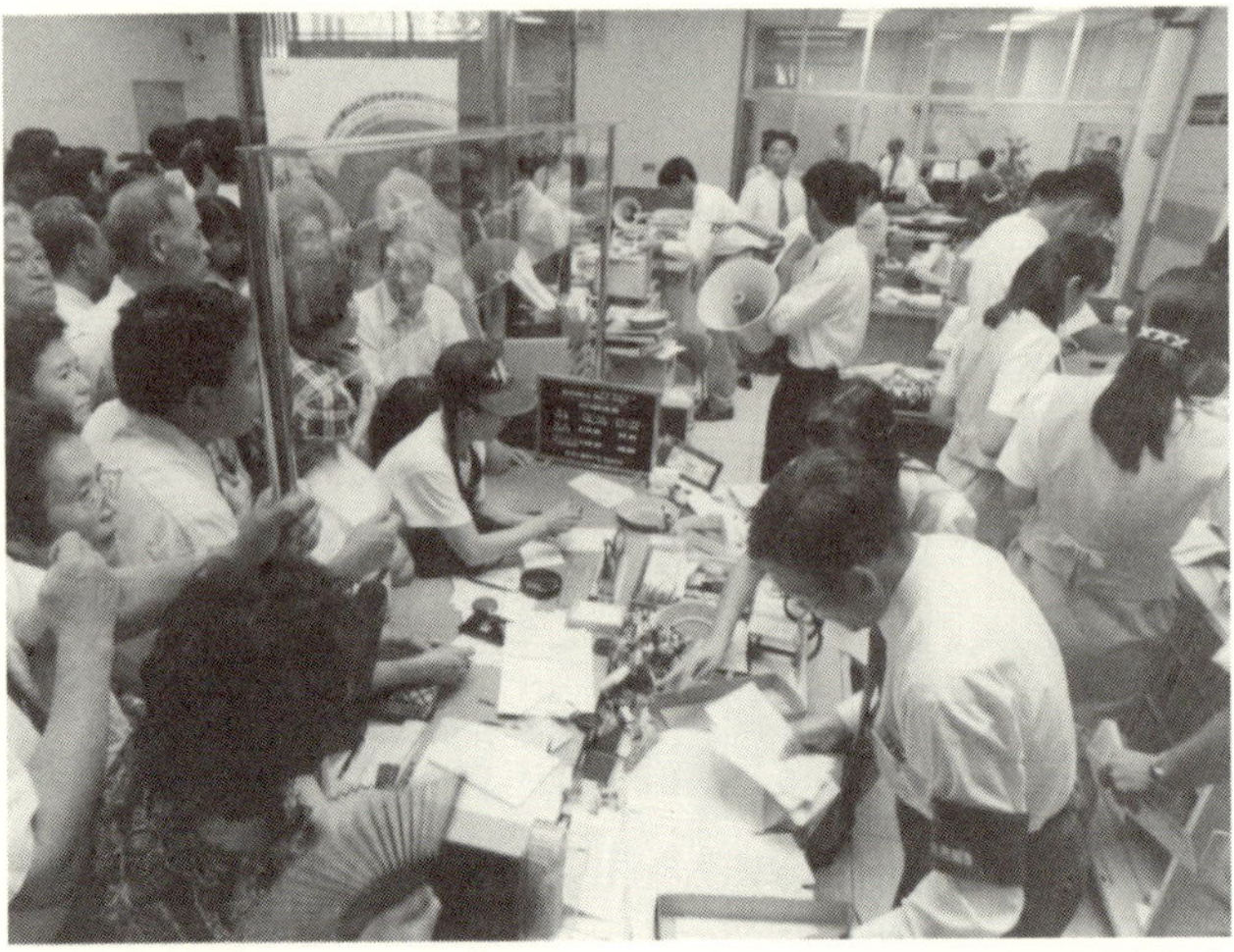

平成7年、巨額の不良債権で兵庫銀行と木津信用組合が経営破綻。木津信組本店窓口には解約をするため預金者が殺到した。

ろうが。

それと同時に、予定されている通達の内容も、週刊誌上でどんどん書いた。とにかく金融機関の人が雑誌を読むことで、自分たちが何をどうすればいいのか先回りすることができ、不良債権処理も進展するようにしたのだ。

やがて、この連載が『金融機関の債権償却』という本にまとめられた。その結果、不良債権問題はどの金融機関も似たり寄ったりなので、ノウハウや実例を本にまとめることで、しょっちゅう相談にきていた金融機関がぱったりと来なくなったのである。

一方で、金融検査官としての実務もも

ちろんきちんとこなした。**「不良債権処理を急速に行うと日本経済が……」**などという声**も漏れ聞こえたが、いつもながらのマクロの視点をまったく欠いた声に耳を貸す必要などみじんもない**。あちら立てればこちら立たずになることがわかりきっているし、「商法にのっとって淡々とやるしかない」というのが私の立場だ。**仮に裁量で処理することにしたら、立派な商法違反**である。

機械的に必要な損金経理が計算できるから、裁量の余地はないのだ。もっとも、当時は、そういう計算方法も知られていなかったから、恣意的に処理をすることが横行したとも考えられる。

なお、私が提示した不良債権の定義や計算方法は、アメリカの金融当局の考え方を参考にしたものだ。アメリカの不良債権処理マニュアルは1000ページくらいある分厚いもので、そのマニュアルをドンと置いて、「ここに書いてあります」というと、みな怖気づいて「じゃ、その通りに……」というのだから、ある意味〝愉快〟だった。だからというわけではないだろうが、現在は商法に基づいて、淡々と不良債権処理をすることが常識とされている。

11

長銀、拓銀から全銀協まで、現場で見えた日本経済腐食の根深さ

キャリア官僚が金融検査官を務める例は少ないが、私は金融機関の不良債権処理のため、その役割を担った。そこで見えたのが、**銀行の危機意識の低さ**、あるいは**ノーテンキさ**だ。しかもそれを助長していたのが、ほかならぬ**無能な大蔵官僚たち**だった。お互い、きわめて低レベルの持ちつ持たれつ関係を続けた結果、銀行という経済活動の根本が腐食していったのである。

前項で金融検査官として全国を飛び回っていたと述べたが、その結果、日本の金融機関の現場、官僚の違う顔、そしてそこから当時の日本経済の意外な一面を見ることができた。

そもそも金融検査官は、本来キャリア官僚が行う仕事ではない。ノンキャリの人が大半で、私などは例外中の例外だ。キャリアは基本的に企画側で、ほとんど実務をやらない。証券検査と金融検査の双方を経験しているキャリア官僚は、私ぐらいなものだろう。

ノンキャリの金融検査官は、実務のプロだけに仕事にはプライドを持ってあたっているが、いかんせん出世レースにおいてはキャリアに対抗すべくもない。そこで、**ノンキャリはたまにキャリアの人間を現場に招待して資産査定をやらせ、何もできないのを見て溜飲を下げるという〝悪趣味〟があった**。

それに対し、キャリアは現場で恥をかくのがイヤなので、「オレのために、何か仕込んでおいてほしい」と金融機関にあらかじめ頼んでおく。その通りに金融機関がひとネタ仕込み、キャリアが発見する体にして、金融機関の人が「さすがですねえ」などと感心してみせる。**キャリアが現場に行くと、こんなバカげた猿芝居が繰り広げられる**わけだ。

私は金融検査官になったものの、金融機関の人間も私がキャリアなのは知っているので、何かを仕込んでくる可能性があった。つまり、いつもの猿芝居でお茶を濁されることになるから、検査がガチンコにならない。

それでは不良債権問題などの本質が見えないので、仕込む間もないほどに猛烈なスピードで実務をこなした。普通なら1日に10～30件のところ、私の場合は桁がひとつ違って100件ほどこなす。それで間違っている箇所を当てるのだから、ノンキャリの金融検査官も驚いてしまう。

どうしてそれができたかというと、入省間もない頃に会計を少し勉強していたから勘どころをつかんでいたということもあったが、やはり私が数学科出身で数学に強かったということが大きい。

会社を見るときには、数ある会社をひとつひとつ見るのではなく、グループや関連会社などでまとめて見ることとし、現場でちょっと怪しいところがあると、関連会社のデータもそこに持ってこさせた。そして、私はその場でデータを確認し、親会社と子会社の損益を合算する。

いくら仕事ができる金融検査官でも、なかなかこうはいかないが、私は連結の合算程度は暗算でできた。そこで連結のバランスシートを目の前で実際に作成すると、金融機関も青ざめてしまう。グループ経営の数値の管理が、きちんとできていないことが明るみに出るからだ。彼らからすれば、私がまさしく「鬼平」に見えたのではないか。

＊　＊　＊

のちに「経営破綻」で世間を騒がせた**日本長期信用銀行（長銀）なども、データを見れば当時から経営が危ないことは丸わかり**だった。

私が金融検査官として長銀に入ったとき、日比谷にくさび型のビルを建てたばかり。大量の不良債権を抱えて会社は大ピンチだというのに、「よくもまあバカでかいビルを建てたものだ」と、その危機意識のなさに呆れたことを覚えている。

P99にあるように、長銀の建物は下の階が細く、上の階が大きくなっていて、まるで瓶をさかさまにしたようなデザインだった。見ようによっては下の階の部分が欠けているような印象を受けるので、検査に入った際に「長銀の不良債権は、ちょうどこの欠けた部分ぐらいですね」とイヤミを言ったこともある。事前にデータを精査していたので、皮肉にも不良債権の比率と建物のバランスが同じくらいだとすぐに思い当たったのだ。

これまたのちに破綻した、北海道拓殖銀行（拓銀）も検査したことがある。その際、**大口貸付先のひとつであるホテルまで足を運び、施設の大きさに客数が見合っていないのを目の当たりにして、拓銀の未来が暗いことを実感**した。

拓銀幹部は私が検査結果を突きつけると、「許してください。本社ビルを売りますから」と言っていたが、ムリなものはムリだ。私が**査定した報告書を突き出して、「これを頭取室にずっと置いて、いかにすごい不良債権であったかということを噛み締めてずっと生きてください」と伝えた**ことを覚えている。

これが私が生で見たバブル崩壊という〝現実〟だった。

＊　＊　＊

不良債権が多すぎて処理しきれないような会社を、公的資金を入れてムリやり延命させるのは道義に反する。ダメなものはダメだと言うことが必要だ。これが私の信念だった。

一方で、改善の余地のあるところは通達などで処理を促す。私は地方を飛び回りながら、ガンガン通達を書いた。

ところが、私が通達の内容を前述の雑誌の連載に書いたところ、全国銀行協会（全銀協）の幹部が文句を言いに来たのだ。何を言うかと思えば、「通達を作るのは、私たちの仕事です」ときた。

信じがたいことだろうが、**全銀協には通達を制作する部隊がいた**のである。

当然ながら、通達を作るのは役所の仕事である。もちろん、全銀協もその原則は百も承知だ。それでは、なぜ民間の全銀協が通達を「作る」などと言うのか。その理由は、これまでは**銀行局から通達を出す際、全銀協に投げてから出す習慣があったからだ。つまり、全銀協への通達作成の丸投げ**である。

役人としては、他人が作ってくれるのだからラクだ。他方、全銀協は自分たちが通達を作るのだから当然、会員行から文句が出るような内容になるはずもない。そして作り終えたら、「いい仕事しましたね」と役人と肩を組んで酒を酌み交わすだけだ。

金融機関が役人を接待するのは、このためである。時間を奪って仕事をさせない。そうすると、役人は自然と「頼む」ということになる。

私はそういう手に乗らなかったから、全銀協からすれば面倒な相手だったろう。なにせ接待しようにも、東京にいないで地方を飛び回っている。そのうえ原則論で押してきて、決して相手を〝忖度〟しない。

もちろん、本来私のような姿勢が官僚としてごく当たり前のものであるはずだ。だが、全銀協も悪びれもせずいけしゃあしゃあと文句を言ってくるあたり、**金融機関と役所の持ちつ持たれつの共犯関係は、根本から腐っていた**と言わざるを得ない。

第2章

平成9年～平成12年（1997）～（2000）

官僚も金融機関もマスコミも、「改革」という言葉を叫びさえすればいいと思っていた。

本章の年代の主な出来事

（太字は本文関連事項）

年	月	出来事	内閣
平成9年（1997）	4月	**消費税率5%に引き上げ**	橋本
		日産生命保険破綻（戦後初の生保会社破綻）	
	5月	神戸連続児童殺傷事件	
	7月	香港返還	
		アジア通貨危機	
	8月	ダイアナ元英皇太子妃がパリで交通事故死	
	11月	**三洋証券破綻**	
		北海道拓銀破綻（戦後初の都市銀行破綻）	
		山一證券自主廃業	
平成10年（1998）	1月	**大蔵省ノーパンしゃぶしゃぶ事件**	
		三塚博蔵相が事件の責任を取り辞任	
	3月	**銀行21行に公的資金1兆8156億円投入決定**	
	4月	**改正日銀法施行**	
		野党4党が合流して民主党結党	
	6月	金融監督庁発足	
		サッカーW杯に日本初出場	
	7月	和歌山毒物混入カレー事件	小渕（7月）
	9月	Google設立	
	10月	**長銀破綻**	
	12月	**日債銀破綻**	
平成11年（1999）	1月	厚生省が「バイアグラ」認可	
	2月	**ゼロ金利導入**	
	3月	日産とルノーが資本提携し、カルロス・ゴーンが日産COOに就任	
		銀行15行に公的資金7兆4592億円投入	
	7月	NTTを東、西、コミュニケーションズに分割	
平成12年（2000）	4月	介護保険法施行	森（4月）
	5月	ロシアでプーチン大統領就任	
	6月	東芝がワープロ事業から撤退	
	7月	**金融庁発足**	
		そごう倒産	
	8月	**ゼロ金利解除**	
	10月	KDDI発足	
	12月	BSデジタル放送開始	
		世田谷一家殺害事件	

12

〝看板〟しか変わらなかった「金融ビッグバン」の建前と本音

平成8（1996）年から2001年にかけて行われた金融制度改革は「金融ビッグバン」と言われる。さも大変な改革が行われたと思われがちだが、それは役所がおおげさに宣伝し、マスコミが勝手に騒いだだけで、実際には、そんなにたいそうな内容ではない。これは今もそうだが、**役所のいう改革は「1割変えて9割そのまま」**だと心しておくべきだ。

平成8（1996）年から平成13（2001）年にかけて金融制度改革が行われた。いわゆる**「日本版金融ビッグバン」**である。金融自由化と称して、銀行と証券の壁をなくして相互参入していけるようにしていった……ということになっているが、その実態を見るとそんなたいそうな話ではなかったことがわかる。というのも、**実際は銀行と証券の間に壁などはもともと存在しておらず、いわば〝なんちゃって改革〟だった**からだ。

確かに、建前としては「銀行は銀行、証券は証券」ということになっていたが、ずっと**昔から銀行は銀行系証券会社を持っていたのは公然の秘密**であった。たとえば、当時の新日本証券と和光証券は日本興業銀行の系列で、日本勧業角丸証券は第一勧業銀行の系列、菱光証券は三菱銀行の系列だ。「金融ビッグバン」とは、これら銀行系証券会社が、単に看板を掛け変えて「●●銀行の系列でございい」と明らかにしただけにすぎない。

もちろん、「金融ビッグバン」以前は銀行の持ち株規制があったので、証券会社を実質的な子会社として大っぴらにしてはいなかった。銀行は証券子会社の株式を直接保有せず、迂回して保有する形にして、表面的には子会社に見えないようにしていたのだ。

また、銀行から銀行系証券会社への「天下り」も常態化していたが、「出向」という形にするとバレバレなので、いったん退職してから入社させるなどして巧妙にカムフラージュしていた。

私は1990年代に大蔵省証券局にいて、銀行系証券も担当していたから、そうした実態をよく知っていた。大蔵省証券局の幹部のなかには、銀行の証券参入という「金融自由化」を心配している人もいたが、実態調査の結果を報告すると、「なんだ、もう参入しているのか。じゃあ、何も変わらないんだな」と安心したようだ。

このように、「銀行の証券参入」は単なる〝看板の掛け替え〟にすぎない。こんなことで何がどう変わるわけでもなく、**銀行が迂回して持っていた株をダイレクトに持てるようになっただけ**である。

一方で対外的には、行政が大変なことを成し遂げたかのように宣伝した。実際、先述した菱光証券は東京三菱パーソナル証券と看板を書き換えて堂々と銀行系列を名乗れるようになるなど、目に見える変化はあったから、マスコミはこれを「金融ビッグバン」「銀行・証券の相互参入」と盛んに書きたてた。大手証券会社も、大した変更ではないとわかっているくせに、一応「銀行の証券参入が認められたら、我々にとって死活問題だ」と騒いだため、マスコミが得意の事実誤認ならぬ〝真実誤認〟をし、大々的に取り上げたのだ。

業界内部では、ビジネスのやり方が多少変わるということはあっただろう。銀行が傘下の証券会社を堂々と紹介できるようになった面もある。だが、それだけのことだ。これは金融業界というミクロの話であり、「金融ビッグバン」というほど大仰なものは何もない。つまり、**マクロ経済には影響などまったくなかった**のだ。

役所が「改革」という言葉を使うときは、たいてい実質的には何も変えていない。大げさに宣伝して、やったふりをしているだけだ。

そもそも、本当にドラスティックな改革をするのであれば、抵抗が強すぎて大騒ぎになる。仮にやるにしても、実現までは相当な時間がかかるし、ムリにやろうとすれば思わぬトラブルも生じかねない。

しかし、よくよく考えてほしい。果たして役所が、そんな面倒なことをわざわざするだろうか。否、**やったふりだけして、実際はあまり変化が起こらないように巧妙に進めるというのが典型的な手口**だ。やがて「何も変わっていないじゃないか」と批判を受けるが、そもそもはじめから大変革などするつもりがないのだから当然である。

役所のいう改革とは、「１割変えて９割そのまま」と思うぐらいでちょうどいい。マスコミは、常に役所に伝えられるままの〝温度〟で報じるので、「金融ビッグバン」もさも大改革のように思えたが、実態はほとんど何も変わらなかったのである。

13

橋本元首相も死ぬまで悔やんだ消費税5％への増税

平成9（1997）年、橋本龍太郎内閣は消費税率を従来の3％から5％に引き上げた。しかし、これが**長期のデフレ不況の引き金**となってしまった。当時の日本は、明らかに増税してはいけない状況だったのである。見るべきポイントは**アジア通貨危機**だ。

平成9（1997）年4月1日、当時の橋本龍太郎内閣は、前任の村山富市内閣で内定していた消費税等の税率引き上げと地方消費税の導入を実施した。

いきなり結論を述べると、これは**明らかな政策の失敗**である。

項目「1」「9」でも述べたように、最初に消費税が導入された平成元（1989）年のときはインフレ率が約3％、失業率が2・5％。一言で言えば「ちょっと〝熱〟があるけどいい経済」だったので、ここで消費税を導入しても問題はなかった。しかし、平成9年の消費税引き上げは、インフレ率が約1％で失業率が約3％というアブナイ状況だ。

実際に、**消費増税を中心とする緊縮財政に踏み切ると、翌年から日本はデフレ不況に突入**した。消費税収は年間で約4兆円増加したものの、所得税と法人税収は下降線をたどり、消費税分の増収を合わせても埋めきれないほどの減収になってしまったのだ。

なお、橋本氏は首相退任後、再び首相の座をかけて自民党総裁選に臨んだ際、自身の公式ホームページにおいて、**財政再建を急ぐあまり、経済の実態を十分に分析しないままに消費増税に踏み切り、その結果としてデフレに陥ったことを謝罪**している。彼は死の間際まで、消費税を引き上げた際に大蔵省にだまされたことを悔いていたという。つまり当時は、明らかに増税してはいけない状況だったのである。

増税できる、できないはフィリップス曲線で一目瞭然のはずだが……

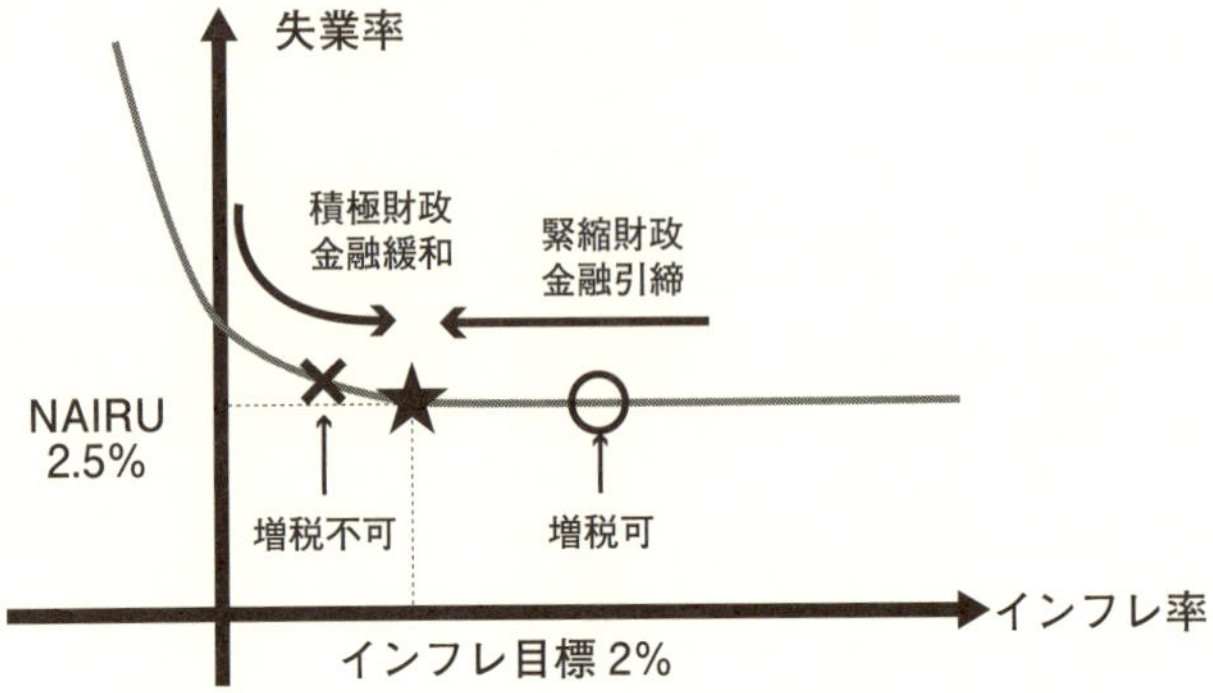

図を見てほしい。横軸はインフレ率、縦軸は失業率を示しており、インフレ率と失業率は逆相関の関係であることがわかる。これを「フィリップス関係」という。一般的な経済学の教科書では、横軸が失業率、縦軸がインフレ率なので、縦と横が逆になっているが、内容は同じだ。

インフレ率がマイナスのときは失業率が高く、インフレ率が高くなるにつれて失業率が下がる。しかし、失業率はある時点から下がりにくくなる。**この下限を「NAIRU（インフレを加速しない失業率）」という。**実際の値を推計するのは容易ではないが、私は「2%台半ば」と推計している。経済学は精密科学でないので小数点以下に大きな意味はないが、あえてイメージをハッキリさせるために、図では２・５％としておく。

「インフレ目標」というのは、このＮＡＩＲＵを実現する最小のインフレ率で、これが現状では２％だ。

一体何が言いたいのか。要は**「フィリップス曲線」でどういう状況かを分析し、今どの位置にいるかによって増税できるか否かが決まる**ということ。この図ではインフレ目標よりも右側なら増税可で、左側なら不可となる。平成９年の段階ではインフレ率は１％程度だったから、少なくとも増税していい経済状況ではなかったのだ。

私は当時、「これ、ちょっとヤバいですよ」と警告を発したが無視された。消費増税後に景気が悪くなると、「消費税のせいではないように見せろ」というご下問もあったのだ（私はそれにも反対したのだが）。

すると大蔵省は御用学者を担いで、平成９年７月に起こった「アジア通貨危機」により経済が悪化したという見解を述べさせた。しかし、これは明らかに間違いだ。**アジア通貨危機の震源地であるタイと韓国が、いずれもすぐに経済回復していることからも、日本の停滞は、他の国にはなかった消費増税が原因であることが明らか**だ。「絶対バレるから、この理屈はやめたほうがいい」と助言したが……。結局、大蔵省は聞かなかった。

14

〝官製不良債権〟のリスクを未然に防いだ「財投改革」

平成10（1998年）、私がシナリオを書いた「財政投融資改革」が断行された。実は前々から、**財政投融資が国家の財政にとって非常にリスキー**だと指摘してきたのだ。では一体、財政投融資という一見どうでもいい仕組みが、どうして日本の経済にとって重要なのか。そのポイントは、平成6（1994）年に始まった「金利自由化」だ。このカラクリを見ていこう。

金融検査部で不良債権問題を担当し、「不良債権償却魔王」という名誉あるあだ名もいただいた。だが、理財局から「そっちはもういい。帰ってこい」と言われ、金融検査部は１年きりでまた理財局に戻ることになった。平成６（１９９４）年のことだ。

私を待ち受けていたミッションは、「財政投融資（財投）改革」。具体的には、「財投の金利を市場金利に連動させよ」ということだった。一体どういうことか。

財政投融資制度とは、大蔵省資金運用部が郵貯や年金積立金など各省庁から資金を預かって特殊法人に貸しつけていた制度。**大蔵省が郵便貯金や簡易保険、年金から資金を借り、それを貸し出すという、国営銀行のような「官製金融」**だった。

郵貯と年金準備金は莫大な金額だ。当時の財投は４００兆円もの巨大な資金を扱っていたが、平成６年に金利自由化が始まったことで、金利の変動リスクを考えなければいけなくなったのである。

民間銀行は金利自由化以前から、リスク管理のためのシステム「ＡＬＭ（資産・負債総合管理）」を導入していたが、同じような金融取引を行っている**大蔵省資金運用部では、それまで固定金利であったこともあって危機感が薄く、「リスク管理」という概念すらほとんどなかった。要するに、どんぶり勘定だったわけ**だ。

実際に私が財投のリスク管理を分析してみると、**わずかな金利変動だけでも数兆円の損害が出る状態**だったほど。詳しく調べていくと、運用している400兆円のうち年間10兆円以上の損失が出てもおかしくない状況であることがわかった。

実は、過去に私は大蔵省内のレポートで、財投の危うさを指摘していた。そして不幸にも、その予測が的中してしまったのである。そのレポートが局長の目にとまり、「髙橋君、ぜひやってくれ」ということになったのだ。

かくして、金融検査部から理財局に急きょ呼び戻され、私は財投改革に取り組むこととなった。民間の不良債権処理の次は、大蔵省の不良債権処理というわけである。

もっとも、**同じ不良債権といっても、貸し倒れになる「信用リスク」と違い、財投が抱えているのは「金利リスク」**だ。ただし、その違いなど一般の人にはわからない。「資金調達と運用の期間がずれると、その間の金利変動によって逆ザヤになる（つまり損をする）可能性がある」などといわれてもピンとこないので、同じ「不良債権」というカテゴリーに入れられて問題視されてしまう。**不良債権問題で民間の金融機関を絞り上げているくせに、大蔵省自身がとんでもない不良債権を抱えているとなれば、事務次官どころか大臣のクビでもすまない。**

だから、この件については完全な隠密行動が要求された。私に与えられた部屋は理財局長室の真ん前にあり、マスコミはもちろん職員も出入り禁止。まさにタコ部屋のようなところで誰とも接触することなく、財政投融資をいかに立ち直らせるかを考えなければならなかった。

＊　＊　＊

それまで金融検査官として動き回っていたのに急に姿を消した格好だったから、旧知の金融機関の人に「髙橋さん、どこへ行っちゃったんですか。今、何をやっているんですか」と聞かれたこともある。もちろん、本当のことは言えなかった。

局長室の前の部屋で、「金利が変動したときに損失額がいくらぐらい……」と計算できるようなプログラムについて考えていたが、誰にも話してはいけない計画だから、システム作りを外注することもできない。

そこで、2年前の理財局資金第一課課長補佐時代に簡易版の資金運用部ALMシステムを作っておいたので、それをベースにして新しいシステムを構築した。外注すれば費用は十数億円以上、期間も数年かかるというところを、なんとか3カ月程度で運用できる状態にもっていった。日本の省庁でALMを導入したのは、これが初めてのことである。おそらく世界の政府でも初めてだろう。

そのシステムを運用しているうちに、金融の観点から資金運用部による融資をどのように管理すればいいのか、おおよそわかってきた。ALMを導入すると金利の合理的なつけ方がわかり、将来にわたって財投機関に合理的な金利で貸しつけることができる。将来の補助金をその合理的な金利による現在価値として計算すれば、貸しつけ先の特殊法人に将来にわたってつぎ込む補助金の総額も算出できる。

そうなると、そもそもそれだけの補助金を注入する価値がある相手なのか否かも見えてくるのだ。ちょうどその頃、財投のリスク管理について日銀からも疑問を投げかけられていたが、このおかげで簡単に答えることができた。

＊＊＊

さらに、財投における預託期間と貸出期間の差によるリスクを解消するため、私は「財投債」の発行を提言した。財投債とは、財投のための資金を調達する目的で政府が発行する債券のこと。ただし、実質的には名前を変えただけの国債だから、貸出期間に合わせて償還期限を決めた財投債を市場で売却することで、資金調達時の金利リスクをゼロにできる。また、それまで**税金を投入して払っていた割高な預託金利を、国債発行金利と同等に**

引き下げることも可能になるのだ。

結局、私の案はすべて受け入れられて、資金運用部資金は廃止となり、郵便貯金や年金積立金は金融市場で自主運用されることとなった。平成10（1998）年のことだ。

理論的なことはのちに『財投改革の経済学』（東洋経済新報社）に詳しく書いたが、その編集者から、「あなたが書いたのは、政府の見解をそのままコピーしたような文章だ。研究者としての見識に欠ける」と文句を言われた。それは当たり前だろう。政府の見解を実際に書いたのは私だったのだから同じに決まっている。それくらい、財投改革については私の案そのものだった。

実はこのときから、「次は郵政民営化かな」と考えていた。**財投について深く知れば知るほど、民営化は避けられない**と思えたのである。

一方、郵政関係者は、財投の自主運用権を大蔵省からもぎとったことで異常なほど盛り上がり、郵政の会合で**「髙橋さんこそ、郵政１００年の悲願を達成してくれた」**と絶賛された。もっとも、それから10年も経たないうちに、私は郵政民営化を推し進めた張本人として、彼らから〝悪の権化〟のごとく罵倒されることになるのだが……。

15

官僚と金融機関のズブズブを象徴する「ノーパンしゃぶしゃぶ事件」の本質

平成10（1998）年、大蔵省金融検査部の職員2名が逮捕された。金融機関による過剰な接待を受けたことが収賄とされたのだ。大臣や事務次官が辞任する一大スキャンダルに発展したが、こうした接待や職権乱用を果たして本当に官僚たちは、悪いことだと思っていたのだろうか。その悪しきDNAを受け継いだ、読者諸兄もよくご存じの名前も登場する。

世に傲慢な官僚の種は尽きまじといったところか。

1990年代後半、金融機関による大蔵官僚や日銀職員らに対する過剰接待が、大蔵省を揺るがす大スキャンダルに発展した。しかも、**接待の舞台にもなったのが「ノーパンしゃぶしゃぶ」**。このフザケぶりが、国民の怒りに拍車をかける要因となったのだ。

平成10（1998）年1月、大蔵省金融検査部の職員2名が収賄容疑で東京地検特捜部に逮捕された。すると、その責任を取り三塚博蔵相や小村武事務次官らが次々と辞任。武藤敏郎官房長は降格となり、処分対象者は審議官や証券局長らを含め、実に112人にのぼった。

このとき、私は大蔵省内部からこの一件を横目で眺めていた。以前から上司が夜な夜な接待を受けるのを見て、いずれ必ず問題になるだろうと思っていたのだ。

当時、大蔵省の前には黒塗りのハイヤーがずらりと並び、幹部は夜になると、それに乗って向島あたりの料亭に繰り出す。存分に接待を受けた後は、またハイヤーで帰宅。無論、その代金の請求はすべて銀行や証券会社、生命保険会社に向けられた。つまり、官僚たちは自分の身銭をまったく切らなかったのだ。

土日はハイヤーつきでゴルフに行く者もいた。帰りには商品券などの「お土産」を渡される。このようなことが半ば常態化していたのだ。おかしいと感じないほうがおかしいだろう。

接待を受けていたのは主に主計局の官僚だが、どうして銀行や証券会社が彼らを接待したのか。そのわけは、彼らはやがて証券局や銀行局といった金融機関監督業務に就くことになるからだ。これは大蔵省における人事の慣例で、金融機関の大蔵省折衝担当者（MOF担《モフ》＝大蔵省の英語表記であるMinistry of Financeの頭文字）はここに目をつけた。

主計局にいる官僚と「お仲間」になっておけば、彼らが金融機関監督業務に就いたときに何かと融通が利く。**主計局にいた官僚がすぐに監督業務のことなどわかるはずもないから、そこでMOF担が「相談に乗りますよ」とささやくことで、金融機関側に官僚を取り込んでしまえる**のだ。

具体的な見返りは金融機関になかったとされているものの、いくらなんでも何もなかったとは考えにくい。銀行や証券会社も、伊達や酔狂で大蔵官僚を接待するほど暇ではなかったはずだ。役人の時間を奪って仕事をさせなくし、いざとなったときはこちら側に取り込んであるから仕事をやりやすい、という狙いが金融機関側にあったのだろう。

ちなみに、私は接待を受けても必ず上司と連れ立って行ったし、回数もあまり多くはなかった。だから、「ノーパンしゃぶしゃぶ」が問題になっても、私にはまったく関係はなかったが、証券局時代の私の後任者まで捕まったと聞いたときには一瞬だけ肝を冷やした。無論、結果的にはセーフだったが、まったく同じ役割を担っていた後輩が捕まったのだから、我が身を心配するのも当然だ。

細かくは聞いていないが、どうも接待を受けた回数に基準があるらしい。私は基本、酒を飲まないので誘われても断ることが多く、行ったとしても何回かに1回というペース。一方、私の後任者は基準をオーバーしていたようだ。彼は独身だったから、土日も含めて接待をほとんど受けてしまったためにアウトということになってしまったのだろう。

なお、**この後任者は、私の２年後輩で昭和57年入省組である。同期には、森友学園問題で国税庁長官を辞任した佐川宣寿氏、セクハラ発言疑惑で財務事務次官を辞任した福田淳一氏がいるという「暗黒世代」**だ。

ともあれ、過剰接待を機に、財政・金融分野に大きな影響力を持っていた大蔵省の解体論が加速。その結果、大蔵省から金融行政の切り離しを求める声が高まり、大蔵省はやがて財政を担当する財務省と、金融行政を担当する金融庁に分割されることになるのである。

16

不純な動機と不真面目さが生んだ、独立性が異様に〝強い〟中央銀行

平成10（1998）年に日銀法が改正された。きっかけは「ノーパンしゃぶしゃぶ事件」の反省から出てきた**「財金分離」**という考え。その結果、金融庁が設立されたが、なんと肝心の日銀は「独立性」という言葉を盾に、あの世界的な中央銀行、イングランド銀行よりも強い権力を持つ銀行に進化してしまった。大丈夫なのだろうか。もちろん大丈夫なはずなどない。ここからさらに**金融政策は迷走**するのだ……。

郵便はがき

料金受取人払郵便

牛込局承認

5559

差出有効期間
平成31年12月
7日まで
切手はいりません

162-8790

東京都新宿区矢来町114番地
神楽坂高橋ビル5F

株式会社ビジネス社

愛読者係 行

ご住所 〒 TEL:　（　　）　FAX:　（　　）		
フリガナ お名前	年齢	性別 男・女
ご職業	メールアドレスまたはFAX メールまたはFAXによる新刊案内をご希望の方は、ご記入下さい。	
お買い上げ日・書店名 年　月　日　市区町村　書店		

ご購読ありがとうございました。今後の出版企画の参考に致したいと存じますので、ぜひご意見をお聞かせください。

書籍名

お買い求めの動機

1　書店で見て　　2　新聞広告（紙名　　　　　　　　　）

3　書評・新刊紹介（掲載紙名　　　　　　　　　）

4　知人・同僚のすすめ　　5　上司、先生のすすめ　　6　その他

本書の装幀（カバー），デザインなどに関するご感想

1　洒落ていた　　2　めだっていた　　3　タイトルがよい

4　まあまあ　　5　よくない　　6　その他(　　　　　　　　　)

本書の定価についてご意見をお聞かせください

1　高い　　2　安い　　3　手ごろ　　4　その他(　　　　　　　　　)

本書についてご意見をお聞かせください

どんな出版をご希望ですか（著者、テーマなど）

前述の大蔵省スキャンダルの際、マスコミのなかに「主計局から銀行局に行くルートがあることが問題だ」として、「財金分離せよ」と主張する人が出てきた。彼らの言い分は、大蔵省から「金融行政」を分離しろということだ。

もっとも、アカデミックな意味での「財金分離」は、財政政策と「金融政策」を分離するということであって、分離するのは「金融行政」ではない。同じ「金融」という言葉を使うために少しややこしいのだが、**金融行政と金融政策というのはまったくの別物**である。「金融行政」は金融機関の監督で、「金融政策」は通貨供給量の調整。要するに、マスコミが「財金分離」の意味を誤解して使っていたわけだ。

大蔵省としては、自分たちの権益が侵されることになる金融庁設立だけは、どうしても避けたい。そこで、**大蔵省はマスコミの誤解を利用した。文脈からしてマスコミの言う「財金分離」が「金融行政」の分離を指していることは知りつつも、あえて「あなたたちの言う通りに財金分離しますよ」ということで、財政政策と金融政策を分離する方向へ話をもっていった**のだ。

こうすることで、「金融政策」を担う日銀は独立するものの、「金融行政」は懐に収めておける。つまり、日銀の独立と引き換えに金融庁設立を阻止しようとしたわけだ。

日銀を独立させたところで天下りができなくなるわけでもなく、大蔵省としては日銀法改正でお茶を濁せると考えていた。私も上司に「これはハッキリ言って目くらましだから、それを前提にマスコミに財金分離をレクしてこい」と言われたものだ。

法改正については、大蔵省も一応は真面目にやろうとしたのだが、もともと不真面目な話だから作るほうも身が入らない。途中で「金融行政を分離せよ」という勢いが大蔵省の思惑よりも強くなって、実際に金融庁が設立される方向に行ってしまうと、ただでさえ真剣に取り組んでこなかった改正日銀法は、さらにグダグダなものになってしまった。

というのも、大蔵省が法改正案を作成するにあたっては、必ず海外の事例を参考にすることになっていたのだが、日銀法改正のときにはそれもしなかったのだ。**直近にイギリスの中央銀行であるイングランド銀行の法律改正という格好の先行事例があったのにもかかわらず、これをまったく検討しなかった**のである。

イングランド銀行の法改正は、不純な動機から始まった日銀法改正と違い、大事なポイントがあった。それは、「中央銀行の独立性とは何か?」ということである。**中央銀行の独立性には、「手段の独立性」と「目標の独立性」がある**が、このふたつをイングランド銀行の法改正でははっきりと峻別し、「手段の独立性」を高めることとした。

一方の「目標」については「政府が決める」と法律にきちんと書かれている。これはどういうことかというと、たとえばインフレ目標2％というのは政府が設定し、それを実現するための手段は中央銀行が独立性をもって行う、ということだ。

もしこの事例を日銀法改正のときに参考にしていればよかったのだが、先述したように不真面目に取り組んでいたものだから、イングランド銀行の例など目もくれず法改正をしてしまった。だから、**日銀法では目標についても日銀が与えることになっている**のだ。

お気づきかもしれないが、これが間違いのもと。**日銀は「目標の独立性」をも既得権にしたことで、「政府が目標を示したら、日銀の独立性が失われる」という議論が大手を振るうことになってしまった。これは、世界標準から見ればきわめて異常なこと**である。

百歩譲って日銀が正しい判断をしてくれるならいいが、バブル崩壊後も金融引き締めを続けるという愚を犯した組織だ。期待するだけムダだろう。中央銀行の独立性を議論する格好の事例をスルーした結果、「独立性」の定義があやふやになり、それ以降はずっとそのツケを払わされ続けることになるのである。

17

「大きくてもダメなものはつぶす」、銀行側の幻想だった「護送船団方式」

平成10（1998）年、かつて金融検査した私の予想通り**長銀が破綻**した。多額の公的資金が投入されたが、うち3兆6000億円ほどが未回収とされる。こう書くといかにも大銀行は大蔵省を中心とする**「護送船団方式」**に守られて、最後まで甘やかされていたと思うかもしれない。だが、大蔵省も私も銀行を守る気などはなからなかった。**大きくてもつぶし**、しっかりと罪を償わせせなければと思っていたのだが……。

バブル崩壊後、財政の悪化に苦しみ続けた日本長期信用銀行（長銀）は、平成10（1998）年10月、ついに破綻した。その後、**長銀は一時国有化され、８兆円弱の公的資金が投入されたが、そのうち３兆６０００億円ほどが回収できなかった**といわれている。

かつて、私は金融検察官として長銀の検査に携わったことは項目「11」でも述べたが、その際、会計処理をどうしたらいいのかという相談を受けたことがあった。資金を貸した先が多くなりすぎて、全体の損失がわからなくなってしまっているというのだ。

そこで、関連企業のバランスシートの情報を入力することで損益がどれくらいなのかがわかるソフトを、私が指導して作った。その結果、不良債権の額は長銀の自己資本をはるかに超えていることが判明したのだ。とてもではないが処理しきれる額ではなかった。

そうとなれば「もうアウトですね」と伝えるしかない。長銀の担当者は私に助けを請うたが、ムリなものはムリだ。根拠もなしに期待を持たせるのも悪いから、数字を見せて、正直に「もうムリです」と告げたのを覚えている。

不良債権でアウトになってしまうと、その後復活する確率はほぼゼロといっていい。私はバランスシートの数字を見て、これはすでに破綻企業だと考えていた。

そして、実際に長銀はつぶれてしまったわけだが、つぶれてしまった銀行とその後も多少なりともかかわり合いになるとは思わなかった。というのは、私は長銀事件の裁判で、弁護側と検察側の双方から証人として呼ばれたのである。

＊　＊　＊

ここで裁判の流れを簡単に紹介しよう。長銀事件の公訴事実をごく簡単にいえば、次の2点になる。

長銀の経営陣が、取立ができないと見込まれる貸出金の償却または引当（将来の何かに備えてお金を準備すること）をしないことによって当期未処理損失を過少にし、虚偽の有価証券報告書を提出したことがひとつ。そしてもう一点は、配当可能利益がないにもかかわらず配当を行ったというものだ。

具体的には、1998年3月期決算において、長銀は関連ノンバンクなどの不良債権を処理せず、損失を約3100億円も少なく記載した有価証券報告書を提出。**配当できる利益がないにもかかわらず、株主に対して約71億円を違法配当した**ということで、平成11（1999）年6月、頭取ら旧経営陣3名が逮捕されている。

裁判では、長銀の1998年3月期決算について、大蔵省がこの前年に改正した不良債権に関する決算経理基準にそった不良債権処理を行わなかったことが問われた。長銀が提

平成11年6月10日、商法違反などの容疑で長銀本店に東京地検、警視庁の捜査員らが強制捜査に入った。右はかつての長銀本社ビル（現在は解体）。まさに建物全体と下層のくぼんだ部分の比率が、不良債権比率と同じイメージだった。

出した有価証券報告書に記載されていた損失額が、新基準からすると過少だったのだ。裁判の大きな争点として、このことが違法であるのか否かがクローズアップされた。

　これに対する私の意見はごく単純、「商法にのっとって淡々と処理すべき」ということだけだ。旧基準だろうが新基準だろうが、商法がベースになっていることに違いはない。したがって、処理にあたっては商法にそって行うよりほかはなく、きわめて厳格に処理するとか、緩やかに裁量的な処理を行うとか、そういう概念は私にはあり得なかった。言ってしまえば「商法原理主義」だ。だから、「銀行経営者が悪い」と個人能力のせいにすることもない。私にとって重要なのは理論だけだ。だから、検察にも弁護側にも信頼され、双方の証人に選ばれたのだろう。

当時、**護送船団方式で大蔵省が金融機関を守っているという世間のイメージがあったが、これは金融機関側が流した情報**である。大蔵省はそれに対する明快な反応をしていなかったし、私も特に「銀行を守れ」という指示も受けなかった。つまり、**大蔵省も私も「金融機関を守る」という思想がなかった**のだ。

＊　＊　＊

一方、旧経営陣3名は、発覚直後は「粉飾決算」を認めていたものの、裁判では「当時の会計基準からすれば違法ではなかった」として無罪を主張した。要は、「新基準が出されても、それまでの会計慣行からすれば問題はないだろう」という言い分だ。

これに対して東京地裁は、平成14（2002）年9月、旧大蔵省から出された資産査定通達に従って、関連ノンバンクなどへの査定を厳しくするべきだったと認定。執行猶予つきの有罪判決を下した。東京高裁もこれを支持し、平成17（2005）年6月に被告弁護側の控訴を棄却。元頭取には懲役3年執行猶予4年、元副頭取には懲役2年執行猶予3年が言い渡された。

ところが、平成20（２００８）年7月の最高裁では判決がひっくり返ってしまう。旧大蔵省から出された資産査定通達は「努力目標」のようなもので、実際に大手18行のうち14行までもが旧基準で不良債権処理をしていたことから、**長銀の会計処理は罪に問えないとして、無罪が言い渡された**のである。

なお、**似たような構図の日債銀事件でも、最高裁は二審までの有罪判決を破棄し、高裁の差し戻し審で無罪判決が下され、これが確定**した。

要するに、新基準の内容がまだ十分明確になっていなかったから、旧基準で裁量的に処理をしていたのも仕方ないですね、という判断だ。

私のように商法に基づいて淡々とやるというのが理論として正しいということは裁判所も認めており、だからこそ一審、二審で有罪判決が出たわけで、法律論では私の勝ちだが、社会通念ではそうではない、ということなのだろう。

私としては、最高裁での判決がどうあれ、自分が言ったことが否定されたわけではないから、「どっちでもいいや」としか思わなかったが……。

18

官僚たちが巧みにつけ込む、銀行再編のバカげた実態

平成12（2000）年、メガバンク再編が相次いだ。多くのサラリーマンが好きなのが、こうした合併劇を描いた金融小説だろう。だが、しょせんは銀行員の内部闘争、せいぜい取締役か部長のイスの奪い合いにすぎない。重要なのは、そこにつけ入る官僚の動きなのだ。昨今、話題の金融庁主導の地銀再編の実態も、これを読めば自然と腑に落ちるはずだ。

官僚はきれいごとでは決して動かない。

平成12（２０００）年９月に、みずほＨＤが発足し、翌年４月には三井住友銀行、三菱東京フィナンシャル・グループが誕生した。

この時期の銀行再編は、「金融ビッグバンによって護送船団方式が崩壊したことによる」とする説明が一般的だが、当時の私の感覚は**「みんなスネに傷を抱えているから、単体じゃムリなんだろうな」**というくらいのもの。もう少し丁寧に言えば**「不良債権をずっと処理できなかったから、合併してどうにか生き残るしかないですよね」**ということに尽きる。

金融検査官時代の経験から、そうした実態を肌で感じていた。地銀はもちろん、都銀も大量の不良債権を抱えていたことなども、当然把握していた。結局のところ、ダメなところはつぶれるしかなく、ちょっとまともなところだけは合併でやり過ごしただけのこと。平成９（１９９７）年に拓銀が破綻し、その翌年に長銀、日本債券信用銀行（日債銀）が相次いでつぶれても、特に驚きはなかった。

この時期の銀行合併には、金融小説などでもさかんに描かれているように「厳しかった」という苦労話がつきものである。しかし、こんなものは単なる「サラリーマン物語」にすぎず、マクロ経済がどうこうというレベルの話ではない。合併してポストが少なくなったとか、頭取は旧行から交互に出すとか、聞こえてくるのはそんな〝ご苦労話〟ばかりだ。

いずれも、しょせん銀行というたかだか一業界の内部の話にすぎない。

ところが、**官僚のなかには、ここぞとばかりに、したたかにこういった場面でグイグイとしゃしゃり出てくる人間もいる。なぜか。それは、都銀クラスはともかく地銀クラスだと、かかわっているアピールをしておいたほうがオイシイ目にありつけるから**だ。

合併にはいがみ合いがつきものだから、そこに役人が仲裁者を装って適当なところで手打ちさせる。その報酬として、その役人がちゃっかり合併した銀行の会長に収まるという寸法である。

本来、合併などというものは優勝劣敗なのが当たり前で、勝ったほうがトップになればそれでよく、役人の出番などないはずだ。ところが、仲人のふりしたほうがおいしい思いができるから、どこかで合併話があると、〝天下りレーダー〟が反応しているのを隠そうともしない、どん欲な連中がたくさんいた。こういうのは、たいてい銀行から接待を受けている連中である。

放っておいても、敗者は吸収されるだけのこと。それが市場の論理だ。「助けてくれ」と泣きを入れた側を、もう一方が吸収する。そうすれば、妙に長ったらしい銀行名もなくなっただろうに。

もっとも、今後は銀行も大変な時代になるから、こうした合併話も過去の笑い話になるのかもしれない。というのも、**ネットバンキング、スマホ決済が世の中に根づいてきたことで、銀行の店舗はやがてなくなる可能性があるから**だ。もちろん旗艦店などは存続するかもしれないが、店舗の数は確実に減少していくことになるだろう。

私などは、印鑑というものが銀行で大事である理由すら、いまだによくわからない。だが、ネット取引が主流になるにつれ、そうした意味不明な風習もなくなるだろう。

銀行業はなくならないが、銀行の店舗は究極のところゼロでもかまわない。いわば、**バンク・トゥ・バンキング（銀行業）**だ。**使い勝手やサービスがよければ、バンキングは別に銀行がやらなくてもよく、ソフトバンクやトヨタがやってもいい**。私はずっと以前からそう思っていたから、「銀行再編の激動」など、まったくもってどうでもよかったのである。

平成13年〜平成19年
(2001)〜(2007)

第3章

実は、デフレと円高の二重苦を退治するチャンスはいくらでもあった。

本章の年代の主な出来事

（太字は本文関連事項）

年	月	出来事	内閣
平成13年（2001）	1月	中央省庁再編	森
		米ブッシュ政権発足	
	3月	**量的緩和導入**	
		ユニバーサルスタジオジャパン開園	
	4月	情報公開法施行	小泉（4月）
	5月	セブン-イレブンが銀行業に参入	
	6月	ソニーが銀行業に参入	
	9月	マイカル倒産	
		アメリカで同時多発テロ発生	
		東京ディズニーシー開園	
	11月	JR東日本の乗車カード「Suica」スタート	
平成14年（2002）	1月	EUの単一通貨「ユーロ」スタート	
	4月	ゆとり教育開始（平成22年まで）	
	5月	日本経団連発足	
		サッカー日韓W杯開催	
	9月	小泉純一郎首相が電撃訪朝	
	12月	**三井住友FG誕生**	
平成15年（2003）	3月	**みずほFG誕生**	
	4月	**日本郵政公社発足**	
		六本木ヒルズ開業	
	5月	りそな銀行国有化	
平成16年（2004）	4月	営団地下鉄・成田空港民営化	
	11月	楽天がプロ野球参入	
平成17年（2005）	2月	ライブドアがニッポン放送株を大量取得	
	6月	クールビズ開始	
	10月	**道路公団民営化**	
		三菱UFJFG誕生	
	12月	AKB48デビュー	
平成18年（2006）	1月	**ライブドア事件**	
		日本郵政株式会社発足	
	3月	**量的緩和解除**	
	6月	**村上ファンド事件**	安倍（9月）
平成19年（2007）	1月	防衛省発足	
	8月	仏銀最大手の子会社による証券化商品解約凍結で、サブプライムローン問題が表面化	
	10月	**日本郵政グループ発足**	福田（9月）

19

日銀の理解のほどは不明だが、大きな転換点となった量的緩和導入

平成13（2001）年、「量的緩和政策」が導入された。これは、その後のアベノミクスにもつながる**重要な転換点**だ。ところが、政策は変わっても**日銀幹部のアタマは変わらぬまま**。私も参加した雑誌の座談会でも見事に赤っ恥を披露した〝第一人者〟の方がいた。この先、まだまだ日本経済の迷走が続く理由が、皮肉にも量的緩和政策から垣間見える意味。あの方はわかっているのだろうか。

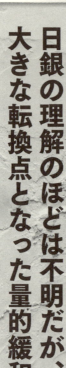

バブル崩壊以降も金融引き締め政策が継続し、低金利政策が長きにわたって行われた。それでも金融機関の不良債権処理はなかなか進まず、実体経済に十分な資金が供給されない状況が続いた。これに対し、「金融システムの安定化」と「デフレ防止」のため、平成13（2001）年3月から導入されたのが**「量的緩和政策」**だ。

テクニカルな部分でいうと、従来のように「短期金利（無担保コール翌日物金利）」の上げ下げではなく、日銀が金融機関等から受け入れている当座預金残高を調節することによって、市場への通貨供給量を増やす政策だ。これにより、**日銀は金融政策の目標を、伝統的な「金利の水準」ではなく「マネーの総量」に変更した**といえよう。

具体的には、日銀が金融機関から国債や手形を買い取り、日銀当座預金の残高を増やす。導入当初は、それまで4兆円だった当座預金残高を1兆円積み上げて5兆円にした。金融機関は日銀に置いてある当座預金残高の額に比例して融資を行うことができるため、結果的に世の中に流れ込むマネーの量が増加する。

なお日銀では、当時の量的緩和政策について、金融システムの安定化に貢献したものの、経済活動や物価への刺激効果は限定的だったと評している。

この量的緩和政策が導入された際、私はまだアメリカ留学中であったが、ある雑誌の企

ようやくマネーの重要性に気づきつつある日銀

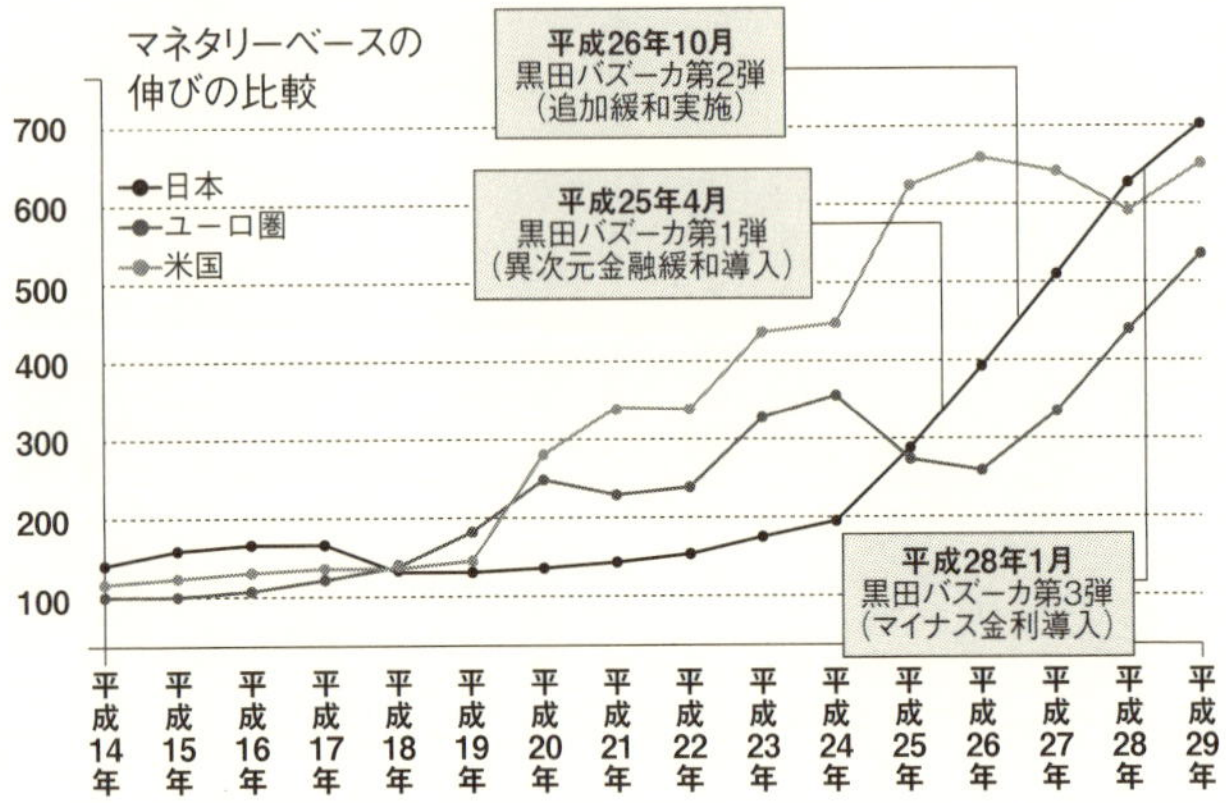

画で、私とのちの日銀副総裁岩田規久男氏、大蔵省大臣官房参事官だった伊藤隆敏氏、そして日銀の翁邦雄氏の4人による、「量的緩和政策の是非を問う」という誌上座談会に参加した。ざっくり言うと、私と岩田氏が賛成の立場で、伊藤氏と翁氏は反対派だった。

　ところが、刷り上がった雑誌を読んでみると、反対派であるはずの翁氏の主張が曖昧模糊としたものになっている。彼の主張は誰がどう聞いても「ハッキリ「反対」だったのに、「別にいいんじゃないでしょうか……」という論調になっていたのだ。

　この雑誌の編集者に聞いてみると、**実**

際に量的緩和政策が導入されてしまったので、締切ギリギリで全部差し替えたのだという。

これを見て、「翁さんっていうのは学者じゃないな。普通の役人だよなぁ」と思ったものだ。

翁氏といえば、90年代にも岩田氏との間で、激しい「マネーサプライ論争」があったことを思い出す。このとき岩田氏は、「日銀はマネーの量を意識していない。出せるはずのマネーを出し渋っている」と日銀批判を展開。対する翁氏は真逆で、「日銀はマネーに対しては受動的だから何もできない」と主張した。

この論争は、結果的には日銀政策委員会審議委員などを務めた植田和男東大教授が中間をとるような形で治めたが、**実際のところはマネーは日銀の意思で出せる**。経済学の教科書でも、マネーサプライは中央銀行の仕事だということになっているし、現に量的緩和をやる際には、マネーをまさに日銀の意思で出しているわけだ。つまり岩田氏が正しい。

翁氏の主張が間違いであるのは、その後に岩田氏が日銀副総裁になったことでも明らかだ。日銀プロパーだった翁氏は、「日銀理論」というわけのわからぬ論理によって、バブル以降の日銀の政策の失敗も正当化してきた。彼は日銀内部における金融研究の第一人者とされていたが、その**日銀に量的緩和を実施されてしまい、自らの理論が間違いであったことが証明されてしまった**のは何とも皮肉な話である。

20

小泉内閣&竹中平蔵ライン誕生で、本腰入れて始まったデフレ退治

平成13（2001）年、小泉内閣が発足し、旧知の竹中平蔵氏が大臣に起用された。一方の私は留学を二度も延長したことで閑職に飛ばされ、**出世コースから脱落**。その私を拾い上げたのが竹中氏だった。とにかく暇だった私は、ここから、ある種運命に巻き込まれながら、金融、省庁、郵政など、ガラパゴス化した**戦後日本経済の遺物を変えていく**一員となったのである。

森喜朗首相の退任にともない行われた平成13（2001）年4月の自民党総裁選で、橋本元首相が有利という下馬評を覆して小泉純一郎氏が圧勝。ここに小泉内閣が発足することとなった。

小泉氏は従来の派閥推薦による閣僚人事を行わず、自らの構想で自由に組閣を行ったのを覚えている人もいるだろう。その人事構想で最大のサプライズとなったのが、竹中平蔵氏の経済財政担当相起用である。

項目「1」でも少し触れたように、私と竹中氏は若いころからの知り合いである。結果として入閣直前のこととなったが、アメリカ留学中だった私とたまたまアメリカに来ていた竹中氏は、ニューヨークで会ってバカ話に興じていた。

それからわずか2カ月後、突然、大臣に就任するという連絡を受けたのだ。私は日本の新聞を読んでおらず、しかも竹中氏は慶應大学教授というまさに民間人だったので、にわかには信じられずに「またご冗談を」と返すしかなかった。

彼が大臣に就任してから約3カ月後の7月に、私は日本に帰った。冷やかしのつもりで大臣室を表敬すると、当たり前だがそこに竹中氏がいる。だが、さすがは大臣、分刻みのスケジュールで、たいそう忙しそうであった。にもかかわらず、私は彼と昔話を長々としてしまったので、秘書官から刺すような視線を浴びた。さすがに気が引けて大臣室を出ると、各省の事務次官クラスが部屋の外に列をなしている。もちろん財務省の役人もいて、「高橋じゃないか。なんでこんなところにいるんだ」と言われ、冷や汗が出たものだ。

＊　＊　＊

一方の私はといえば、1年で帰ってくるはずの留学期間を2回も延長し、3年間アメリカにいたということで、財務省を怒らせていた。課長から「オマエ、覚悟しておけ」と言われ、やがて閑職への異動を伝えられる。

今思えば、人事を狂わせたのだから当然のことだ。しかし、当時は政策に対する意見も簡単に通っていたし、行きたい部署についてもわがままを通してきたから、留学を少し延ばしたくらいでキャリアに傷がつくとは思っていなかった。別に反骨精神で留学を延長していたわけではなく、「これくらいは許されるだろ」と勝手に思い込んでいたのだ。

それが、まったく許されなかった。気がついたころには「ときすでに遅し」だ。出世がどうこうという欲は希薄だったが、これで**財務官僚としての出世コースから外れた**ことだけは感じた。

結局、国土交通省の国土計画局特別調整課というところに飛ばされることになった。平成13年1月の省庁再編前まで国土庁長官は大蔵省が持っていた関係もあり、国交省のなかにありながら財務省が手駒を自由に動かせるポストだったのである。

このポストが珍しいのは、とにかく「絶対に仕事をしてはいけない」ということ。そのため、財務省内では「飛ばない鳥」「飛べない鳥」という意味で、「雷鳥」とあだ名されていた。

この部署は本来、首都移転のような大規模プロジェクトを管轄している。そんなところに財務省が人を送り込む理由。それは、ひとえに大規模事業を阻止するためである。というのも、この部署で作られたものなら、たとえ大都市計画のようなものであっても、予算査定も経ずに実行に移せるのだ。だから、仮に国交省のキャリアにやらせたら、たちまち超巨大プロジェクトが出来上がってしまう。

財務省はそれを阻止するためにこのポストを握っている。**ここに私をあてがったということは、要するに「プロジェクトを進めさせない＝仕事をするな」ということ**だ。

＊　＊　＊

ところが、私が「飛ばされた」のは、竹中氏にとってラッキーな出来事だったらしい。「旧知の高橋がそういうことなら手伝ってくれ」ということになった。仕事もなく暇だった私は、竹中氏が切り盛りしていた「経済財政諮問会議」のペーパーなどを秘密裏に作成したのである。

ただし、法的には問題なかったものの、私がやっているのは隠密行動。できれば周囲に知られたくない。しかし、竹中氏は切羽詰まってくると課に直接電話をかけてくるのだ。電話をとった女性が「どちらのタケナカ様ですか?」と聞くと、「経済財政担当大臣の竹中です」と正直に答えるのだから、竹中氏も豪胆というか脇が甘いというか……。

私はあくまで「できないヤツが飛ばされるポスト」にいる人間だ。しかし、そんなところに、どういうわけか大臣から直接連絡が来る。「アイツは一体何をやっているんだ?」という感じで、周囲から疑いの目で見られるのも「むべなるかな」である。

一方の竹中氏は、平成14(2002)年あたりから経済財政諮問会議で扱う案件が多くなりすぎて、どうにも回らなくなっていた。そこで、諮問会議とは別に審議会を作ることにしたのだが、竹中氏は、あろうことか現役の官僚である私に、その審議会の委員になってほしいと頼み込んできたのだ。

さすがに難色を示したが、そこは大臣権限の強み。気がついたら手続きが終わっていて、新設された審議会の委員になってしまったのである。財務省からすれば「たかが課長の(しかも飛ばされた）オマエが、なぜそんなところに」という話だが、入った以上は財務省にもちゃんと意見を言わなければいけない。結果として、財務省との大きなハレーションは起きなかったのだが、やはり委員になったときは少なからず困惑したものだ。

このあたりから、私の官僚人生は大きく軌道を変えることとなった。国交省のポストから2年で異動となり、平成15（２００３）年から平成16（２００４）年まで財務省に戻ったが、すでに「竹中の色がついたヤツ」ということになっている。「地方に飛ばしたら竹中がうるさい」と警戒したのか、地方ポストでありながら都心に近い関東財務局の理財部長に任じられた。

このとき、竹中氏は塩川正十郎財務相に「髙橋をぜひ欲しい」と伝えており、塩川氏も了承したことから、経済財政諮問会議の事務局の兼任になった。**さしもの財務省も、大臣が了承していることにケチをつけることなどできない**。かくして、私は「関東財務局理財部長兼内閣府経済財政諮問会議特命室」という世にも奇妙なポストについたのである。

21

霞が関の論理優先か、国民負担か、郵政民営化断行の本当の理由

平成15（2003）年、郵政事業庁が日本郵政公社に移行し、その2年後、郵政民営化法案が成立した。郵政が民営化されたことによりサービスなども当然変わったが、実はポイントはそこではない。

約1兆円の国民負担、

あるいは

〝財務省の破綻〟を回避

するというのがこの改革の真の目的だ。そしてその先に見据えていたのが、「政府のスリム化」だった。

平成15（2003）年4月、この2年前に郵便・郵便貯金・簡易生命保険の旧郵政省の3事業を引き継いで総務省の外局として発足した郵政事業庁が、日本郵政公社に移行した。公社化にあたっては独立採算制など経営の効率化がうたわれたものの、それから1年後に実績を再検討したところ、事業効率の低さが改めて指摘された。

そして平成17（2005）年7月、郵政民営化関連法案が衆議院本会議において5票差で可決された。これで郵政民営化への道筋ができたかと思われたが、翌月の参議院本会議で法案は否決されてしまう。これは自民党議員が大量造反したからだ。

この結果を受け、小泉首相は衆議院を解散。記者会見の場で小泉氏は「郵政民営化の賛否を国民に聞いてみたい」と述べた。「法案を可決している衆議院を解散するのは何ごとか」という批判もあったが、小泉氏の決意は固かった。**当時、私は官邸にいたが、そこまで小泉氏が郵政民営化にこだわる理由が正直よくわからなかった。だが、小泉氏の思いはともかく、やはり政策的には郵政民営化は必然のことだった**といえる。

そもそも、項目「14」でも触れたように、郵政民営化は財投改革と密接な関係があった。かつて郵便貯金の資金運用は、大蔵省資金運用部に全額預託されていた。これが財政投融資である。**郵貯なのに、運用は郵政省ではなく大蔵省の管轄だったというのは、大蔵省に**

よる霞が関支配の象徴といえよう。

財投の預託金利は、市場のそれよりも0・2％割高に設定されていた。そこで、これと同等の貸出金利で、資金運用部は特殊法人に融資。これにより大蔵省が預託金利として郵貯に支払っていた0・2％分は相殺されることになる。

では、高金利の融資を受けた特殊法人にだけ差損が発生するのか。無論、そんなことはない。**郵貯・大蔵省の差益分＝特殊法人にとっての差損分に対し税金が投入されていたのだ。つまり、財投と（官僚の天下り先である）特殊法人という官の間のみで回るカネを、結果として国民が負担していた**のである。

私は当時、国側の人間として、財投のように割高な金利で調達するのはリスキーだと考えていた。そこで、完全に預託をやめてしまい財投債に切り替えたのも、やはり項目「14」で説明した通りだ。郵貯や簡保のカネがその後も政府に流れ続けるとしても、財投債を買う形になる。一度は市場を経由するから、市場金利で調達できる。

大蔵省は莫大なカネを差配する権限を失うわけだから、抵抗する人も少なからずいた。しかし、「このまま権限を残して泥舟の郵政と一蓮托生になって大蔵省もつぶれるか、郵政を切り離して大蔵省が生き残るかしかありません」と主張すると、かなりオツムの硬い守旧派も全部、私の意見に染まった。私の言う通りに財投改革をやらなければ、自分たちがいる大蔵省もろとも吹っ飛ぶとなれば、どうであれ受け入れざるを得ない。

一方郵政公社としては、結果としての税金投入という「ミルク補給」は、もはや受けられない。つまり０・２％の上乗せ分がなくなってしまうのだから、もう自力で運用して稼ぐしか道はなくなったのだ。

しかし、政府からの出資がある限りは業務拡大もできず、普通の銀行のように融資も行えない。リスク性の高い金融商品を扱うこともムリだ。なぜなら、政府が後ろ盾になっている郵政公社は民間の金融機関と比べて調達の面で圧倒的に有利であるため、民業を圧迫しないよう、「イコールフッティング（競争条件の平等化）」という観点から運用にはいろいろな制限がかけられていたからである。

自主運用で稼がなければならない状態なのに、せいぜい最低金利の国債を買うくらいしかできないとなれば、後ろ盾を捨てて完全に自力で立ち上がるしかない。すなわち、民営化しかないのである。

私が行ったシミュレーションでは、**民営化すれば年間で約１兆円の収益が可能**であることがわかった。もちろん、民営化したからといって確実に収益が上がるわけではないが、

改革で官と民のカネの流れはこう変わるはずだった

官の資金	1990〜2001年		2003年〜2017年
郵貯・簡保への貯金等	170兆円	⇒	−50兆円
政策金融等からの企業への貸出	40兆円		−10兆円
財投などによる国債購入	200兆円		−60兆円

すべて減少

民の資金	1990〜2001年		2003年〜2017年
民間金融機関への預金	160兆円	⇒	580兆円
民間金融機関から企業への貸出	−110兆円		140兆円
民間金融機関による国債購入	150兆円		470兆円

すべて増加

出所:筆者試算

民間による標準的な経営であれば、その可能性はきわめて高いという結論だった。

逆に言えば、**政府が株を保有し続けた場合は業務に制約が残り、収益にはおのずと限界が生じてくる。結局、20万人近い郵政職員を食べさせていくためには、民営化しなかった場合と比較して、約1兆円の逸失利益、すなわち国民負担が避けられなくなる**のだ。

ただ私は、郵政という一業界の話を選挙の争点にするよりも、「政府のスリム化」というストーリーにすることを提案した。すなわち、**郵政民営化は始まりにすぎず、他の業界でも同じことをやれば、政府はどんどんスリム化するという理屈**

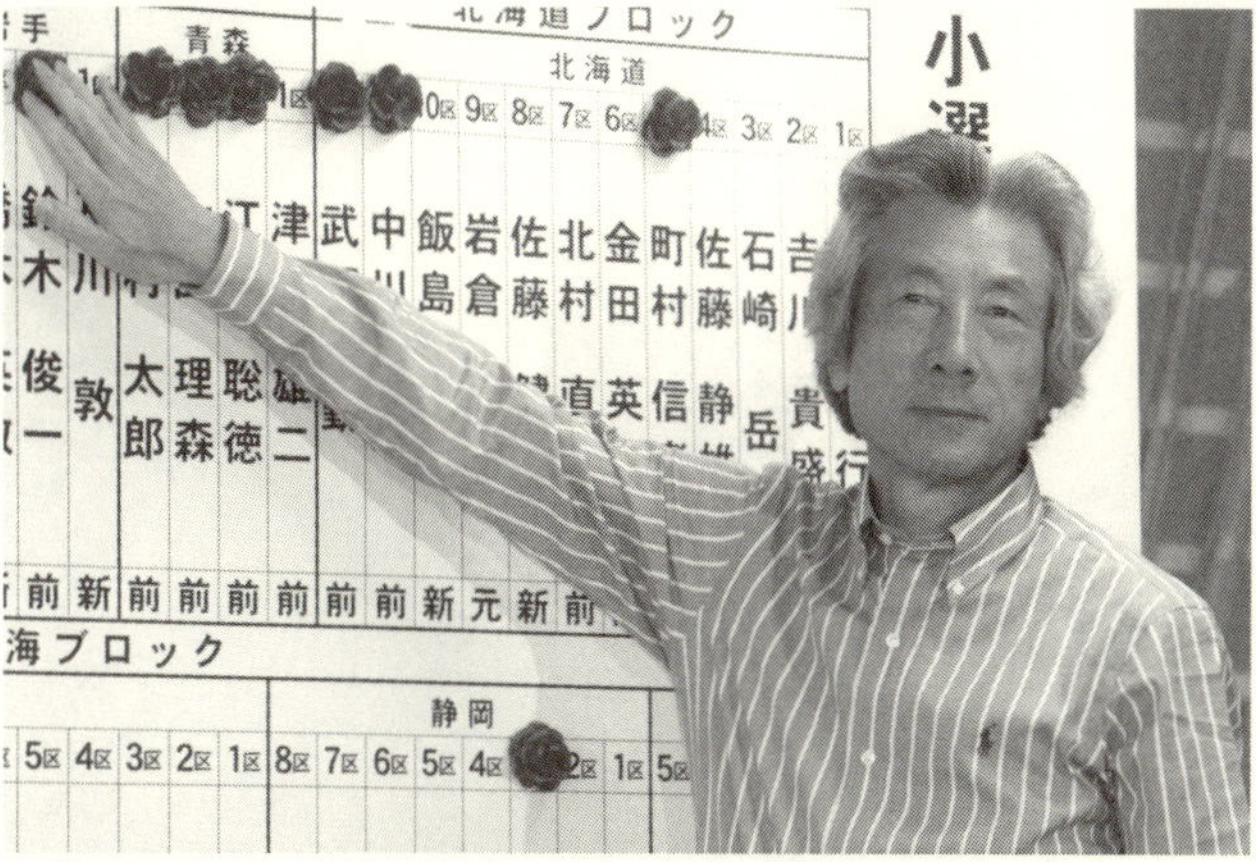

平成17年9月11日、「郵政選挙」で圧勝した小泉首相。このとき「刺客」として送り込まれたのが、いわゆる「小泉チルドレン」である。

だ。今だから言うが、正直、かなり〝盛った〟のは間違いないが、理念は間違っていない。

自民党は郵政民営化法案に反対票を投じた議員の選挙区に「刺客」と呼ばれる候補を送り、大半の議員を落選させた。また、野党も「小泉劇場」の前に埋没し、議席を大幅に減らすことになった。自民党は296議席を獲得し、その勢いを駆って特別国会に郵政民営化法案を再提出し、法案成立にこぎつけた。

平成19（2007）年10月1日に行われた日本郵政グループ発足式には、すでに首相を退任していた小泉氏も出席し、それまで野党のみならず自民党の一部までが反対していた郵政民営化を実現できたのは、国民による支持があったからこそだと語っている。

22

道路をめぐりインチキをした国交省と、それを見破れなかった〝節穴〟財務省

平成16（2004）年から翌年にかけ進められたのが道路公団民営化だ。中心人物だった猪瀬直樹氏の活躍を覚えている人も多いだろう。だが、その裏で役人同士のバトルがあったことはあまり知られていない。国交省にとって〝命〟ともいえる「道路利権」をどのように引きはがしていったのか。その過程を見ていくと、**「トホホ」**と悲しくなる**官僚のオツムのレベル**が浮かび上がってくる。

平成16（２００４）年3月、第2次小泉内閣は、道路関係四公団民営化関係四法案を閣議決定し、6月に同法が成立。これを受け、平成17（２００５）年10月1日、日本道路公団、首都高速道路公団、阪神高速道路公団、本州四国連絡橋公団の4公団が廃止され、6つの高速道路株式会社と独立行政法人日本高速道路保有・債務返済機構が設立された。**日本道路公団の分割民営化**である。

道路公団の民営化は、郵政民営化と並んで小泉政権の目玉政策であった。平成14（２００２）年から内閣府に設置された道路関係四公団民営化推進委員会には、行革断行評議会（行政改革担当大臣の諮問機関）に名を連ねていた作家の猪瀬直樹氏がおり、多くの委員が途中で脱落するなかで道路公団民営化に奔走した。

表の舞台で猪瀬氏が先頭に立ったことは間違いないが、私も裏でいろいろな提言を行っていた。またもや竹中氏に、「ちょっと手伝ってくれ」と頼まれたのだ。

実は改革の中心となる「道路関係四公団民営化推進委員会」には、その名称とはうらはらに、委員として道路公団の回し者みたいな人がいた。そうした人たちは、しきりに「道路公団は債務超過だ」と主張してくる。**債務超過である以上、民営化したとたんにすぐつぶれてしまうから、民営化はダメだという論法**だ。

しかし、それはまったくのウソ。私が作った民営化できるか否かを数量的に判断する基準によれば、債務超過にはならないことが判明していたのだ。

確かに個別の路線によっては赤字が見られたものの、公団全体で見れば2兆円から3兆円程度の黒字になっている。つまり、道路公団を民営化しても、まったく問題ないということだ。

ところが、「赤字だ」と主張する側は、6兆円から7兆円ほど債務超過になっているという。私の試算とどうしてこんなに差が開いたのかというと、ハッキリ言って国交省の出してきた資料がメチャクチャだったからだ。

＊＊＊

財投を活用している事業に対して、国から将来にわたって投入される補助金がどれくらいになるかを計算した政策コストについて、財投を受けている機関（特殊法人など）が試算した分析結果を整理したものを「政策コスト分析」という。これまで誰もが疑いの目を向けなかった公的なものだが、ここで明らかなインチキが見つかったのである。

具体的には、**道路需要の見通しが、明らかに現実離れしたもの**であった。

私は、5000個にもおよぶ数式モデルからなる「道路需要推計モデル」を2週間程度ですべて検証し、たった数個だが式の推計に誤りがあることを発見した。数式に弱い人なら騙せるだろうが、こちらはプロだ。数式を見れば、意図的に間違った方向に導こうとしていることがすぐにわかる。

実は**道路需要というものは、免許の保有率と密接な関係がある。免許取得者が増えれば、ドライバーが増えるから道路需要が増えるという理屈**だ。そこで、免許の保有率がどうなるかという推計が必要になるわけだが、この答えは国交省があらかじめ95％と決めている。それが道路需要の前提になっているのだ。

感覚的にもわかると思うが、実際の免許保有率が95％などということはあり得ない。実に20人中19人までもが免許を保有していることになってしまうのだ。そんな数字を前提に計算しているため、その分だけ道路需要が過大になる。私が改めて現状を反映した免許保有率を当てはめて計算しなおすと、道路需要は5～7％程度減少することがわかった。

国交省がわざと需要が過大に推計していたのは、当然のことながら過大に予算を取るためだ。そしてもうひとつ、需要を過大に推計しておけば、「今後は道路需要が少なくなるから苦しいんです」という理屈を通しやすい、という理由もある。どういうことか。

これはつまり、**あらかじめ需要を過大に推計することで、その落ち込みも急激なものに**

見せられるということ。そうすれば、**赤字になる見通しも説得力を持つ**ようになり、道路公団の民営化は危険だ、というロジックが成り立つ。

しかし、私がそれを数学や統計学の知識で論破してしまったから、公団の回し者だった委員は真っ青になった。**道路公団全体として債務超過はなく、結果として税金の投入もすることなく分割民営化できた**のである。

＊＊＊

国交省による道路需要予測については、雑誌『週刊エコノミスト』に匿名で記事を寄せた。猪瀬氏に気を遣って匿名にしたが、見る人が見れば「髙橋が書いた」ということはすぐにわかる。週刊誌が出たときに、財務省の主計官が「これ、オマエだろ」と言ってきたが、すっとぼけていた。

彼は私をよく知る人物だからわかったのだろうが、そんなことよりも「財務官僚として道路需要のインチキくらい見破れよ」と正直思った。

というのも、道路需要を査定するのは、ほかならぬ財務省なのだ。もちろん、5000個くらいの数式のうち5、6個が間違っているだけなので、探すのはそれなりに骨が折れる。しかし、「そんなこともできないくせに、よく官僚中の官僚なんて言えるな」というのが偽らざる気持ちだ。

ともあれ、私の指摘によって、国交省の道路局長も需要見通しが過大だったことを認めた。そうなると**格好悪いのがインチキを見破れなかった財務省**だ。

主計官に「需要推計が過大だったわけだから、予算を切らないとマズイんじゃないですか」と言うと、「そんなのできるわけないだろう」とキレだした。それでもひるまずに、「予算が７％くらいで担保できるって、小泉さんに伝えましょうか」と言ったところ、さらに怒られた。**財務省としては、自分たちの目が〝節穴〟だとバレるのがイヤだから、凄んでごまかしたかったた**のだろう。

インチキをした国交省といい、インチキを見破れなかった財務省といい、官僚のレベルというのは、バケの皮一枚はがせばしょせんこんなものだ。ちなみに念のため付言しておくと、私をどやしつけたその主計官は、のちに財務事務次官になっている。名前はあえて伏せておくが。

昭和55年～昭和63年（1980）～（1988）
平成元年～平成8年（1989）～（1996）
平成9年～平成12年（1997）～（2000）
平成13年～平成19年（2001）～（2007）
平成20年～平成23年（2008）～（2011）
平成24年～平成31年（2012）～（2019）

23

財務省がイヤイヤながら公表した、〝アンバランス〟なバランスシート

平成17（2005）年、ようやく日本でも国のバランスシートが公表された。しかし、そこには、**本来連結されているはずの日銀のデータがない**。これは世界標準からすると、きわめて異様な内容だ。なぜそうなったのか。その裏には、今の「国の借金論争」につながる、財務省の巧妙な、というより、むしろ居直った**財政状況の「ウソ」を発信し続ける体質**があった。

のっけから恐縮だが、何を隠そう、政府のバランスシート（貸借対照表）を最初に作成したのは私である。

90年代後半、大蔵省内で政府の財政状況をいかに客観的に把握するかという議論が行われていた。そこで、バランスシートに着目した財務運営を行おうと、私が理財局内に「資金企画室」という組織を作り、初代室長に就任。さまざまな国の事例を参考に、日本でも政府のバランスシートの作成をすることになったのだ。

ところが、せっかく**バランスシートを作成したものの、あくまで内部資料の扱いで、対外的には非公表**だった。ちなみにアメリカは、日本に先立って１９９５年版から政府のバランスシートを公表している。

日本もアメリカもバランスシートを作成したのはほぼ同時期。しかも、以後毎年作られたものの、日本で最初に公表されたのは平成17（２００５）年の「03年度版」である。

ところが、**国が公表したバランスシートには、なぜか日銀は連結対象から漏れていた。**

私が国のバランスシートを作成した際には、当然、日銀を連結させている。なぜなら、**日銀は法的に政府の子会社**だからである。一般企業においてグループ企業の業績と資産を連結決算で考えるのと同様に、政府と日銀の財政と資産は一体で見る必要がある。「国のバランスシート」という以上、日銀を連結させない理由はない。

もちろん、この考え方は中央銀行の独立性と矛盾しない。項目「16」でも見たように、中央銀行の独立性とは、「政府の経済政策目標の範囲内で、その達成のためにオペレーションを任されている」ということ。これも、グループ企業がそれぞれの業務の独立性を持っているのとまったく一緒だ。

当時、公表したバランスシートから日銀が抜けている理由を担当者に問い詰めると、「いやあ、日銀にもプライドがあるでしょうから……」と、妙な言い訳をされた。財務省があえて抜いたのは見え見えだ。私は当時、内閣府にいたからチェックもできず、結局、「日銀の連結抜き」ということを知ったのは公表後だった。

これは私が経済財政諮問会議特命室時代に、後述する「埋蔵金論争」を仕掛けていた時期である。**財務省はバランスシートから日銀を抜いたうえ、マスコミに積極的に取り上げられることを嫌ったようで、その存在や意味をほとんど説明しなかった。**

だが、**国の財政状況を正しく理解するためには、中央銀行を含めた「統合政府」としてのバランスシートをもとに見ることが必要だというのは〝国際標準〟**である。

平成29（2017）年にノーベル経済学賞受賞者でコロンビア大学教授のジョセフ・E・

スティグリッツ氏が来日。経済財政諮問会議に出席し、**「国債残高と日銀が保有する国債を相殺することで、政府の債務は瞬時に減少する」という趣旨の発言をしたが、これは統合政府の考え方そのもの**である。

中央銀行が抜けたバランスシートの右側にある「負債」の項目だけに着目して騒いでいるのは日本だけだ。

ちなみに、財務省の「国の財務書類」ガイドブックには、日銀を国のバランスシートに連結しない理由を次のように述べている。

（注）日本銀行については、省庁の監督権限が限定され、また政府出資の額が僅少であることから、連結対象としていません。

日銀は財務省に予算も人事も握られているのに、「省庁の監督権限が限定され」というのは傑作だ。民間でいえば明らかに親子会社なのに、こうした論理で「違う」と言い張るさまは、もはや滑稽ですらある。結局その体質は、大蔵省が財務省になっても変わっていないということ。いや、むしろ〝劣化〟し続けていると考えたほうがいいかもしれない。

24

見せしめにされたライブドアと、〝マス法〟に自ら落ちた村上ファンド

平成18（2006）年、証券取引法違反で堀江貴文氏らが逮捕された。いわゆる「ライブドア事件」だ。もちろん違法行為を擁護するつもりはないが、ただ犯罪の規模からすると、「時代の寵児」に対する**見せしめ**の要素があったと思う。一方同時期に起きた「村上ファンド事件」。こちらの内実はかなり〝お寒い〟ものだった。むしろ、**村上ファンドに日銀総裁が出資していた**ことのほうが、はるかに重要なのだが……。

平成18（２００６）年1月、主にインターネット事業を手掛けていた株式会社ライブドアの堀江貴文社長が証券取引法違反（偽計、風説の流布）の疑いで逮捕された。

粉飾したとされる額だけを見れば、ライブドアの約50億円というのはさほど大きな額ではない。よく見ると、粉飾決算の原資が違法の疑いがある手段で発行した自己株式を使って、一般の株主から集めた資金であるとのことだが、それでも「粉飾なんて、もっとヒドいヤツがたくさんいるのにな」と思ったものだ。

もちろん、堀江氏の行いすべてを正当化するつもりはない。ただ、彼が捕まるのであれば、もっと〝お縄〟にしなければならない人間はごまんといると言いたいだけだ。

彼が逮捕された理由には、あのどこか軽いノリが「世間の常識」と乖離していたこともあるだろう。あるいは、単純に堀江貴文その人が「時代の寵児」だったから、ということが意外と真相なのかもしれない。つまり、**見せしめに使われた可能性がある**ということだ。

彼は銀行が不良債権処理に頭を抱えている頃、世の規制緩和の流れに乗って儲けに儲けていた。プロ野球の新球団を作ろうとしたり、ニッポン放送買収を仕掛けたりと、何かと目立っていた堀江氏は、いわゆる「新自由主義」を是正するために検察が仕掛けた「国策捜査」にハメられた……。そんな説が、今もなお、まことしやかに語られている。

平成14（2002）年、鈴木宗男事件で逮捕された元外務官僚の佐藤優氏が、取り調べのときに**「国策捜査は『時代のけじめ』をつけるために必要なんです。時代を転換するために、何か象徴的な事件を作り出して、それを断罪するのです」**と言われたという。その意味では確かにライブドア事件は、「見せしめ」にするのにちょうどよかったのかもしれない。「時代の転換点」という意味でいえば、銀行の不良債権問題は解決に向かっていたこともあり、堀江氏が逮捕されてすぐに、日銀が量的緩和の解除を決めている。

堀江氏に対しては正直「ちょっと可哀相だな」と思った一方、**村上ファンドの代表だった村上世彰氏のインサイダー取引に関しては「アウト」**の一言だ。

「村上ファンドがライブドアから情報を得て、ニッポン放送株を買っていた」というインサイダー取引の疑惑があることに対し、村上氏は当初は否定していたものの、のちに記者会見で「聞いちゃったんですよね」と告白。意図的なものではなかったとしつつも、証券取引法違反の容疑を認め、東京地検特捜部によって逮捕された。

インサイダー取引に関する法律は私も作ったことがある。これは「ザル法」ならぬ「マス法」というものだ。

ザル法は「抜け穴が多すぎて規制の意味をなさない法律」という意味で、一般にもよく知られているが、マス法というのはなじみがないという人が多いだろう。これも「適用外の範囲が大きい」という点ではザル法と同じだ。ただしマスは、サイズは小さくとも底に抜け目はない。つまり、**マスの外側ならば軒並みセーフだが、内側は完全にアウト。要件に引っかかったら絶対に言い逃れできない**のだ。

ただし内側がアウトということは、要は内にさえ落ちなければいいということ。だから、少しでもインサイダーの法律を知っていれば、まずしょっぴかれることはない。私が立案にかかわったときは、例外の範囲が大きいので「わざわざ落ちるヤツは少ないだろう」と思っていた。だから、これに引っかかったと聞いたときにはさすがに驚いた。

それにしても、**当時の日銀総裁福井俊彦氏は、かつて村上ファンドに1000万円を投資して、しかも総裁就任後も解約しなかった**という。「日本銀行員の心得」にある「現担当職務と個人的利殖行為との間に直接的な関係がなくとも、過去の職歴や現在の職務上の立場等に照らし、世間から些かなりとも疑念を抱かれることが予想される場合には、そうした個人的利殖行為は慎まなければならない」という項目に明らかに反する。

野党が追及したが、結局うやむやになってしまったのはなぜか。日銀総裁という大物には、「国策捜査」ならぬ「国策お目こぼし」でもあるのだろうか。

25

デフレでは絶対にやってはいけない、日本経済の首を絞める「天下の愚策」

平成18（2006）年、日銀が5年間実施してきた量的緩和策を解除した。私はデフレ状態でこの政策は本当にマズイと直感。当時官房長官だった安倍晋三氏に伝えた、「これでデフレ脱却が遠のきました。おそらく半年から1年後に、景気は悪くなるでしょう」という予言は見事的中してしまう。まったく今思い返しても腹が立つ**「天下の愚策」**であったと同時に、アベノミクスのいわば**「反面教師」**となった出来事でもあった。

平成18（2006）年3月、日銀は平成13（2001）年3月から5年にわたり実施してきた量的緩和策を解除した。その理由は、消費者物価指数（CPI）が安定的にプラスになっているからというもの。それに対して、当時、竹中総務相の補佐官をしていた私は、CPIには「上方バイアス」があり、決してプラスではないと見ていた。

ちなみに上方バイアスとはCPIの測定誤差のこと。これは、CPIの統計作成において売れ筋商品＝安い商品のウエートを往々にして過少にしてしまうため、指数が高めに出るという傾向のことである。

形式的なインフレ率が0・5％とすると、物価指数の上方バイアスを考えれば、物価はマイナス0・1％という「デフレ状態」である。そのため、この時点での量的緩和解除には反対であったのだ。

私はプリンストン大留学時代の交友関係から、各国の中央銀行スタッフにも多くの知り合いがいたので、念のため彼らに聞き込みをすると、やはり量的緩和解除は「時期尚早」だという意見だった。だが、日本には量的緩和そのものに反対している学者やマスコミが多く、日銀は量的緩和策を解除してしまったのだ。

そういえば、時代をさかのぼる平成12（2000）年8月に日銀がゼロ金利政策を解除した際にも、プリンストン大学の経済学者は、ほぼ全員が非難の声を上げていた。
「日銀は市場に資金がジャブジャブあるというが、真っ赤なウソだ。日銀がハイ・パワード・マネー（現金通貨と日銀当座預金）を増やしてデフレを解消し、緩やかなインフレにしない限り、日本経済は立ち直れない。それもせずにゼロ金利を解除したら、日本経済は壊滅状態になる」

これが彼らの見方だった。なかでも特に日銀に批判的だったポール・クルーグマン教授などは、わざわざ私に「この施策は絶対に失敗する」とメールを送ってきた。その後の日本経済を見れば、彼らの見解が正しかったことは明らかだろう。

もっとも、ゼロ金利解除をしたものの、その直後に量的緩和策を行ったことで、日本経済は「壊滅状態」にはならずに済んだ。**緩和する「量」の面で不十分であったという問題点はあったものの、量的緩和策を実施したこと自体は評価していい。**

実は、**先進国のなかで最も早くデフレに陥った日本は、同時に、今や世界的に当たり前になった量的緩和策の先駆者**でもある。もっとも、速水優総裁時代の平成13（2001）年3月から実施された量的緩和策については、「効果がない」あるいは「副作用が強すぎてハイパーインフレになる」などなど、批判的な意見がほとんどだった。

一方、本項の冒頭でも述べたように、私はCPIがプラスでないため量的緩和策を今後も続けるべきだと考えていた。私の意見に賛同してくれたのは、竹中総務相と中川秀直自民党政調会長、そして山本幸三代議士だけ。反対派のなかでは、特に与謝野馨経済財政担当相が強く反発した。結局、政府は何のアクションをとることもなく、福井総裁率いる日銀は、量的緩和を解除してしまったのである。

私は、当時官房長官だった安倍晋三氏に、「この量的緩和解除でデフレ脱却が遠のきました。おそらく半年から1年後に、景気は悪くなるでしょう」と伝えた。不幸にもこの予測は的中。安倍氏は二度目の首相就任後も、平成18（2006）年の量的緩和の解除は時期尚早で失敗だったと述べたように、よっぽどこのことが印象的だったのだろう。間違いなく、このときの失敗が、アベノミクスの金融緩和策につながっている。

今思い出しても、**この量的緩和解除は最悪の決断だった。もし当時2%のインフレ目標があれば、こうした愚策をとることもなかった**はずだ。

26

「消えた」ではなく「はなからなかった」、年金データのずさんすぎる管理

平成19（2007）年、「消えた年金問題」が発覚した。私は国民が自身の年金履歴を把握できるよう、以前から今の「ねんきん定期便」の原型となる仕組みを厚労省に提案し続けていたが、一向に厚労省は動かない。そのあまりの腰の重さに、私は**厚労省の年金データの保管に関して疑問を抱いていた**が、さすがに5000万件が消えてしまうとは……。もっと早めにもっと強くこの件に切り込んでいたならば、と残念でならない。

平成19（２００７）年2月、国会で社会保険庁改革関連法案の審議を行っているさなかに、社会保険庁のオンラインデータに納付記録漏れなどの不備があることが明らかになった。いわゆる**「消えた年金問題」**である。

中川秀直氏など自民党の議員からは、「改革案で社保庁が解体されると、いずれ隠していた年金のずさんな管理が問題になってしまうので、改革案そのものやひいては自民党を潰すために社保庁が『自爆テロ』として情報をリークしたのではないか」という声が上がったが、これについての真相はやぶの中だ。ともあれ、このときから、国会だけでなくマスコミでも社保庁の年金記録のずさんな管理が「消えた年金は５０００万件」という数字とともに連日批判されることになる。

実は、同じような問題が、かつてアメリカでも起こっていた。その反省から、アメリカでは国民に納付額を通知する「レシート」を発行する仕組みが作られた。

アメリカの「社会保障通知」は、毎年1回、年金制度の説明や個々人の支払履歴、予想年金額などが記された通知書が送られてくる仕組みだ。予想年金額についても、早く退職した場合や通常通り退職した場合など、状況に応じたシミュレーションが書かれている。

これをヒントに、平成13（２００１）年から始まった経済財政諮問会議の手伝いをするなかで、私は「社会保障個人勘定」の作成を提案した。多くの人は、自分が年金をどれくらい支払ったかすら知らない。それならば、「国が持っている年金記録をお知らせしてはどうだろうか」と考えたのだ。

ところが、何度提案してもまったく厚労省は動かなかった。突っぱねられるうちに、私のなかに「厚労省はきちんとしたデータを持っていないのでは？」という疑問が生じた。その直後に発覚したのが「消えた年金問題」だ。そのニュースを見たとき、「やはり！」と思ったものだが、いくらなんでもあそこまで管理がずさんだったとは考えていなかった。

社保庁の記録の不備とともに明らかになったのが、会社が給料から天引きしたカネを社保庁に納めていなかったという問題だ。消えた年金の約7割は、会社が厚生年金保険料を国に納めていないケースだった。

従業員が「天引きされているのだから納めているはず」と信じて疑わなかったものが、結果的に会社にネコババされた形になっている。資金繰りに常に苦しんでいる中小・零細企業などが、本来納めなければならない保険金分を運転資金などに流用していたため、このようなことが起こったのだ。

いざ給与明細を持って社保庁の窓口で「払っています」と主張してみても、実際に社保・

庁に振り込まれていないのであればどうにもならない。その事実を知って、愕然とした人も多くいた。

税金に関しては税務調査があるから、ほとんど取りっぱぐれはない。だが、社保庁に関してはそうした調査権がないから、取りっぱぐれも多発する。**つまり「消えた年金」というが、社保庁がもともと取っていなかったのだから、はなからなかった**のだ。

ともあれ「消えた年金問題」が発覚した機会をとらえ、これまで突っぱねられてきた「社会保障個人勘定」について再度提案したところ、「それはいい。消えた年金対策としてぜひやってくれ」ということになった。そして、年金記録を確認するための「ねんきん定期便」制度が、平成21（２００９）年からスタートすることになるのである。

「ねんきん定期便」は、主に先述のアメリカのレシートとしての役割を担う。のちに、年金の見込み額も併せて記載されることとなった。

ねんきん定期便は今となっては当たり前の制度として定着した感がある。ただ、私が**「社会保障個人勘定」を提案したときに厚労省が突っぱねず、迅速に対応していれば被害はもっと少なくできた**のではないかと思うと、その点だけは残念でならない。〝官の弊害〟は、日本の思わぬところまで蝕んでいたのである。

27

省益のためだけに貯め込んだ、国民から取りすぎたカネ＝「埋蔵金」

平成19（2007）年あたりから、いわゆる「霞が関埋蔵金」が注目されるようになった。埋蔵金は、それぞれの省庁が持つ特別会計で貯め込んだもので、官僚主導の政治によって生まれた**「ムダガネ」**といっていい。独自の算出方法で埋蔵金を「発掘」した私は、これで**すべての省庁を敵に回した**と言っても過言ではなかった。

もともと「埋蔵金」の存在自体、小泉内閣の参謀役だった私が、平成17（2005）年にすでに指摘をしていた。当時、**会計報告がなされなかった特別会計の余剰金・積立金を独自に算出すると、財務省の会計だけで約40兆円もあった**のだ。

この「埋蔵金」に注目が集まったのが平成19（2007）年秋のこと。与謝野馨氏が「埋蔵金なんて、いい加減なことを言うな」という趣旨の発言をしたからだ。財政再建を主張する与謝野氏は当時、自民党の財政改革研究会会長で、彼の発言をマスコミが面白がって報じた結果、「埋蔵金」という言葉がひとり歩きし、一般にも浸透するようになった。

埋蔵金の原資となっている特別会計は、平成15（2003）年に当時の塩川正十郎財務相の「母屋（一般会計）でおかゆをすすっているときに、離れ（特別会計）でスキヤキを食べている」という発言によって注目されることとなった。

国の会計は、会計年度ごとに国の施策を網羅して通観できるよう、単一の会計（一般会計）で一体として経理するのが原則だ（単一会計主義）。だが、これだけでは各個の事業状況や資金の運営実績などが不明確になることもあるため、別会計を設け、特定の歳入と特定の歳出を一般会計と区分して経理することになっている。これが特別会計だ。

一応予算書があるので大雑把に把握できるものの、各省庁の人間にしかその中身の詳細はわかりづらい。そのため特別会計の実態はなかなかつかみづらかったが、私が分析・算出したところ、そこに余ったお金、すなわち「埋蔵金」があることが判明したのである。

たとえば**国交省なら道路特別会計というものを持っている（財源はガソリン税）**。**厚労省であれば労働保険特別会計というのがあって、ここの埋蔵金が5兆円ぐらい**あることがわかった。収入が多くて支出が少ないものだから、当然ながら余剰金が毎年貯まっていく。一般企業でいえば繰越利益に該当するものだ。

もちろん、繰越金のなかには、省庁として持っていないといけない部分もある。ただ、それを差し引いてもなお、「埋蔵」分はかなりの金額にのぼる。なくなったところで省庁の運営に支障をきたすことは基本的にはないのだから、カネが必要な場合、国債を発行したり増税したりせずに、各省で余剰分を融通し合えばいい。

ではなぜ、そうしなかったのか。それは、**省内に「これはオレたちのカネだ」という意識があったからだ。そして、国民から取りすぎたカネ＝埋蔵金を使って、独立行政法人のようなものをたくさん作り、天下り先を確保していた**のである。

民間であれば、利益が多く出れば株主に還元するのが当たり前だ。仮に還元せずに怪しげな子会社を作って利益を流し込んでいたことが株主に発覚したら、当事者、責任者、経営者がそろって吊し上げられる。

ところが、そんな穏やかでないことが、霞が関では平然と行われていた。きちんとした会計監査もほとんどなされず、公会計も完璧とはいえなかった。このような、普通の企業であれば考えられないような、いい加減な資産管理が各省庁でまかり通っていたのだ。省庁にとっての「株主」は国民なのだから、〝利益〟は本来ならば国民に還元するのが筋にもかかわらずだ。

このような埋蔵金の話をしたところ、小泉首相も竹中大臣もさすがに驚いた様子だった。小泉首相は、この少し前に「金がないから国債を出してくれ」と言われ、選挙前の公約を破ってまで30兆円の国債を発行していた。タラレバを言っても栓なきことだが、もう少し前に埋蔵金の存在がわかっていれば、わざわざ国債など発行する必要もなかったのだ。

いずれにせよ、埋蔵金が明るみに出たことで、経済財政諮問会議で議題となり、「出せるものは全部出せ」とプレッシャーを与えることができるようになった。

なお、平成24（２０１２）年、民主党から政権交代をした直後、**第２次安倍政権が最初に行った「景気対策10兆円」のうち、７兆円以上は埋蔵金が原資**となっている。こうしたことこそが、「生きたカネの使い方」というものではないだろうか。

第4章

乱世だからこそ「ハトヤマノミクス」もあり得たのだが……。

平成20年（2008）〜平成23年（2011）

本章の年代の主な出来事

（太字は本文関連事項）

年	月	出来事	内閣
平成20年（2008）	1月	大阪府で橋下徹知事誕生	福田
	4月	白川方明日銀副総裁が総裁に昇格	
		ツイッター日本語版サービス開始	
	5月	**ふるさと納税スタート**	
	7月	日本でiPhone発売開始	
	9月	アメリカでリーマンショック発生	麻生（9月）
	11月	**サトシ・ナカモトがビットコイン論文発表**	
		FRBが量的金融緩和導入	
	12月	日銀がゼロ金利政策を再開	
平成21年（2009）	1月	米オバマ政権発足	
	3月	日経平均株価の終値7054円98銭でバブル崩壊後最安値更新	
	6月	マイケル・ジャクソン死去	
	8月	**民主党政権発足**	
	9月	前原誠司国交相が八ッ場ダムの建設中止を表明	鳩山（9月）
	10月	ギリシャ危機発覚	
	11月	事業仕分けスタート	
平成22年（2010）	1月	日本年金機構発足	
		JAL破綻	
	4月	高校授業料無償化法施行	
	5月	**鳩山由紀夫首相が沖縄を訪問し、米軍基地の移設方針を表明**	
	7月	参議院選の民主党惨敗で「ねじれ国会」化	菅（6月）
	9月	尖閣沖で中国漁船が海保の巡視船に衝突	
		武富士破綻	
平成23年（2011）	1月	GDP世界第3位に転落	
	2月	大相撲八百長疑惑で65年ぶりに本場所中止	
	3月	**東日本大震災発生**	
		福島第一原子力発電所事故発生	
	5月	米政府がオサマ・ビンラディン殺害を発表	
	7月	女子サッカーW杯で日本が初優勝	
		地上デジタル放送に完全移行	野田（9月）
	10月	**1ドル75円32銭の最高値を記録**	
		スティーブ・ジョブズ死去	
	11月	オリンパスの粉飾決算発覚	
		野田佳彦首相がTPP参加を表明	
	12月	北朝鮮の金正日総書記が死去	

28

総務省の猛反発が証明した、真の地方分権につながる「ふるさと納税」

平成20（2008）年にスタートした「ふるさと納税」制度。世の中的には返礼品の中身がしばしば話題を呼ぶが、実はこの制度は、徴税制度の変革＋地方自治体が主体的に行う「地方分権」という、**これまでの国の形を変える一大改革**なのだ。ところが、「地方分権推進派」の総務省が猛反発。国が叫んできた「地方分権」とは、一体、誰のため、何のための分権なのか。その本質をよく見てほしい。

平成20（2008）年4月30日公布の「地方税法等の一部を改正する法律」により、翌5月1日から「ふるさと納税制度」がスタートした。

ふるさと納税は「納税」と称しているものの、実際には、都道府県、市区町村への「寄付」だ。一般的に自治体に寄付をした場合、確定申告を行うことで寄付金額の一部が所得税および住民税から控除されるが、**ふるさと納税では原則として自己負担額の2000円を除いた全額が控除の対象**になる。

地方自治体への寄付を通じて地域創生に参加でき、生まれ故郷だけでなく、たとえば好きな土地や被災した町など、自由に寄付先を選べるのが特徴だ。

この制度は、そもそも第1次安倍政権で重要課題として取り上げられ、平成19（2007）年5月、菅義偉総務相が「ふるさと納税」の創設を表明した。

菅氏は竹中平蔵氏が総務相をしていたときの副大臣だったこともあり、私も彼のことをよく知っていた。そして、あるとき官邸にいた私に、菅氏が「こういうの、どう思う？」とふるさと納税について聞いてきたのである。

これまで制度化されていないものはやってみたくなる性分だから、まずは実現可能性について役人に聞き込みをした。すると、「それは、地方にカネをあげるような制度ですから、

「ふるさと納税」は、中央を通さない税制改革だった！

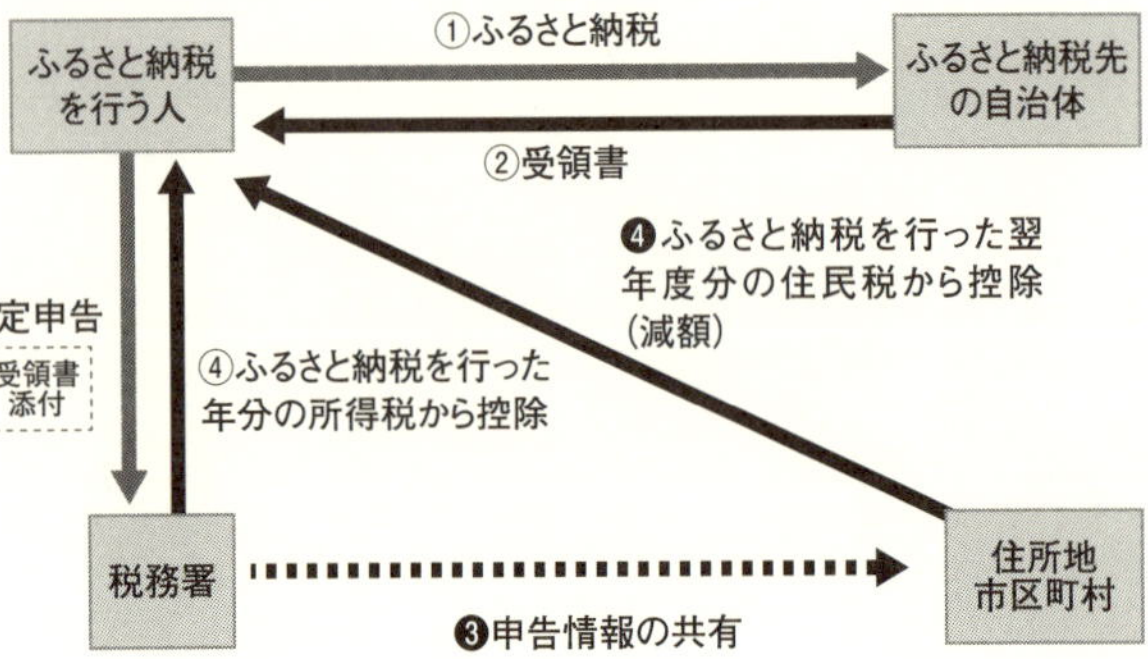

法律的にちょっと大変ですね」という意見が大半だった。そこでひらめいたのが、「納税者が選んだ自治体に寄付をして、それを税額控除する形にすれば、実際に住んでいる土地に納税するのと実質的に変わらない制度になる」というアイデアだ。

これまでの制度として、所得控除はあっても、税額控除はほぼなかった。しかし、「寄付」の形にすれば実現可能性が出てくる。このアイデアを菅氏に話したところ、「いいね、それ」と了承してくれて、研究会の立ち上げと人選を任された。

ところが、無論、予想はしていたが、この案に反対してきたのが総務省だ。なぜなら、**ふるさと納税制度は、地方交付税の配分とい**

う自分たちの〝利権〟を侵すものだからだ。

総務省は、口では「地方分権」をうたっているが、彼らが望む地方分権とは、あくまで地方交付税の分配権をがっちりと握ったうえでのもの。それ以上のレベルの分権はすべて反対だ。

彼らがさかんに「地方分権」を叫ぶのも、むしろ総務省の側に寄った「地方分権」を推し進めるための策略だということなど見え透いている。その点、ふるさと納税のようなアイデアは、自分たちがカヤの外の地方分権であるため、トンデモナイといったところなのだろう。

しかし、結局そこは菅氏が大臣権限で押し切った。**東京23区などは「税収が減った！」と文句を言うが、もともとそれが狙いだったわけだから、彼らから文句が出るということは、それだけ「ふるさと納税」が成功だったといえる**だろう。

そもそも23区は少しぐらい税収が減ったところで問題ないし、「その分、地方が潤うなら誠にけっこう」としか言いようがない。

制度の設計者から言わせれば、減収が不都合であるなら、その分、努力すればいい。もちろん、地方の人が23区に寄付することもできる。ステージはあくまで平等なのだ。そこでみんなが頭を使って自分の地域をアピールし、寄付金を競い合えばいい。

ふるさと納税がもたらした効果は、各自治体が「この土地の特色や魅力は何だろう？」と改めて考えるようになったことだ。自分たちが意識してこなかった地場産業に目を向けることにもつながり、結果として埋もれていた地域の魅力を再発見する機会にもなった。

高額な返礼品が話題にもなったが、自治体の判断で、できる範囲のものを渡しているだけだから、まったく何の問題もない。自治体だってわざわざ持ち出しで返礼品を出しているわけではなく、要するに「誰も損をしていない」のだから、こんなものを問題にするだけヤボというものだろう。

ちなみに、竹下登政権時代の昭和63（1988）年から翌年にかけて、各市区町村に対し地域振興のために1億円を交付する「ふるさと創生事業」が行われた。これはふるさと納税と違い、上からポンとカネが降ってくるような制度だ。

もちろん、自分たちの土地のことを考えるきっかけになった地域もあっただろうが、結局は大半の地方にとって、単なるカネのばら撒きでしかなかった。そのため、「これは儲けものだ」と考え、結果としてどうでもいいものに、ムリやりカネをつぎ込んで終わりとなってしまったのだ。

昭和63年から始まった「ふるさと創生事業」の交付金で高知県中土佐町が作った１億円の純金カツオ。このように“迷走”する使い方が各地で見られた。

一方、ふるさと納税の場合は自力で自分たちの魅力を打ち出さなければならない。だからこそ、そうした努力が地域振興によりダイレクトにつながる。なかには広告業者などをうまく使って一大産業のように成長したものもある。そうなると、「地場産業」の振興とは若干かけ離れたものになってしまうが、それはそれでその土地の知名度アップにつながるのだから、またいいのではないか。

とにかく**地方が自分たちでアイデアを出し、それがうまくいけば地域振興資金が手に入り、さらに新たな地場産業を育てる。形ややり方はどうであれ、中央からのヒモつきの財源頼りになるより、はるかに健全**であるのは言うまでもないだろう。

29

自力で再就職先すら見つけられない、悲しいくらい〝優秀〟な連中とのお別れ

私は2008（平成20）年に役人を辞め、そして、自ら公募に応募して大学の教授となった。つまり、私は天下り組ではない。実は、国家公務員法の再就職斡旋禁止を立案したのはほかならぬ私だ。ところが、悲しいかな。官僚の天下りは後を絶たない。**自分で再就職先も見つけられないという〝無能さ〟**をひけらかして、一体彼らは**恥ずかしくないのだろうか……。**

私は平成20（2008）年3月をもって、23年間の役人生活に終止符を打った。もともとは小泉純一郎内閣が役目を終えた平成18（2006）年に役人を辞めようと思っていた。次の就職先となる大学も自力で探し、内定までもらっていたのだ。辞めると決めてしまえばせいせいしたもので、後は悠々自適に生活しようと考えていた。

しかし、小泉氏の後に首相になった安倍晋三氏が電話をかけてきて、「髙橋さん、次もよろしく頼むよ」と言ってきたものだから正直困った。次の職場も決まっているから、さすがに即決はできずに、2日ほど時間をいただいた。結局、内定していた大学には行かずに、内閣参事官として再び官邸で勤めることにした。

第1次安倍政権では、私は安倍氏の意を受け、特に財務省の嫌がることをやった。その最たるものが「霞が関埋蔵金」を掘り起こしたことだ。財源作りが得意な私は、小泉政権と安倍政権で合計40兆円もの埋蔵金をほじくり出した。**小泉政権とその後に続いた第1次安倍政権で実は増税を一切する必要がなかったのは、埋蔵金によるところが大きい。**

大事に隠してきた40兆円ものカネが「ある」ことがわかってしまったものだから、財務省はカンカンだった。ただ、**もとはといえば、こうしたカネをひねり出すことを教えたのは、ほかならぬ財務省**だ。苦しいときには「なんとかしろ！」と上司に言われて、どうにか知恵を絞ってひねり出してきた経験を生かしただけだ。しかし、官邸でそれをやりすぎて、財務省の少なからぬ人たちが物騒にも**「高橋は殺す」**と息巻いていたという。

財務省からすれば、本省から「飛ばされて」しまったスキに官邸に収まり、首相やら大臣やらの「虎の威」を借りて財務省に復讐をしているようにも見えたかもしれない。だが、私は単にアイデアを求められるたびに「こんなのがありますよ」と提案しただけのこと。財務省に楯突く気などみじんもなかったのだが、彼らはそうは考えてくれなかった。

通常であれば官邸勤めをした後は本省で出世コースが待っているものだが、たとえ希望したところで財務省に戻る席などない。そうしたこともあって、安倍政権に続く福田康夫内閣に約半年仕えたのち、今度こそ本当に役人を辞めたのである。

退官後は東洋大学経済学部総合政策学科の教授として再就職したが、これはもちろん独力で公募に応募してである。なにしろ**今の国家公務員法の再就職斡旋禁止を立案したのは、ほかならぬ私**なのだから、自分にだけ甘くできるはずがない。

ただ、大変だったのもまた事実だ。公募のときから「髙橋洋一のような面倒くさい男が来るのは困る」と言って、私が再就職するのに大反対していた日銀寄りの先生方も多かったのだ。結果としては採用されたが、一時は「こりゃムリかもな」とややあきらめムードだった。

私としては、ダメになったらそれはそれ、と思っていたからあまり気にもしなかったが、再就職するにあたって、実際に汗をかいたことは確かだ。財務省の口利きで再就職したわけでは断じてない。

それでもなお、「髙橋は大学に天下った」と揶揄する人間もいた。天下りの定義などおかまいなしの批判だから恐れ入る。

そもそも、**「天下り」というのは役所から世話になった再就職のこと**を指す。誰が世話になって、誰が世話になっていないかは、元官僚なら絶対に知っているはず。それでもなお私を批判するのは、単に悪意があっただけとしか思えない。

私は退官後の平成20年6月に、「官僚国家日本を変える元官僚の会」の発起人のひとりとして名を連ねた。この会は通称「脱藩官僚の会」といい、その会員資格は「官庁から天下りを含めた物心両面において世話になっていない元官僚」である。

斡旋禁止となった今も、周知のように官僚の天下りは後を絶たない。**そもそも、物心両面のお世話なくして、自力で働く先を見つける能力すらないことをさらしている人たちに、果たして日本をリードする力など本当にあるのだろうか。**

30

バブルの経験が生かされなかった「リーマンショック」唯一の対処法

平成20（2008）年、数十年に一度というインパクトがあった「リーマンショック」が起きた。その影響について**「ハチが刺した程度」**とのたまわった御仁もいたが、結果は急激な円高。過去に学ぼうとしない政府や日銀は、またもや日本経済の腰骨を思いっきり折る愚を犯してしまったわけだ。実はここで打つべき**最良の政策がたったひとつあった**のだが……。

私は理系だから実験、計算をして答えを導き出すことを旨としているが、社会科学は残念ながら実験や計算というものがなかなかできない。となれば、過去の事例、つまり歴史データを検証することで結果を導き出すのが〝王道〟ということになろう。

ただし、過去だけでなく現在の出来事でも、とりわけ世界的な事件の場合は、どこにどう影響が波及するのか、何がどう次に展開するのかといったことを理論的に予想しながら注視することにしている。**「ある一定の条件が変化したときにどうなるのか」を見ると、社会実験の結果に近いものが得られる**のだ。

平成20（2008）年9月に発生した「リーマンショック」は、まさにそれに当てはまる。影響が世界の国々に及んだので、国際比較がしやすいのだ。

まず、リーマンショックについて簡単におさらいしておこう。

アメリカでは2003年頃から住宅価格が上昇傾向にあった。金融機関は、信用力の低い低所得者向け住宅ローン「サブプライムローン」を積極的に扱ったが、2006年から住宅価格の下落が始まり、翌年にはサブプライムローンの不良債権化が問題となった。その結果、サブプライムローンの金融派生商品を多く抱えていた大手投資銀行が軒並み経営不振に陥ることになる。

そして2008年に大手証券会社ベア・スターンズがJPモルガン・チェース・アンド・カンパニーに、メリル・リンチ・アンド・カンパニーがバンク・オブ・アメリカに、それぞれ買収されることが決定。連邦住宅抵当公社(ファニーメイ)と連邦住宅貸付抵当公社(フレディマック)は公的資金により救済された。ところが、リーマン・ブラザーズには買い手がつかず、同年9月、連邦破産法11条の適用を申請し、経営破綻したのだ。

このとき、自民党の与謝野馨氏は「日本にももちろん影響があるが、ハチが刺した程度」と語っている。だが、**もちろんリーマンショックは50年、100年に一度の大ショックであり、与謝野氏の言うような軽いものではなかった**。

リーマンショックのような特大イベントは予想できるものではないが、私はバブルの対処役をやっていたから、そうしたことが起こったときに何をすべきかはわかる。

では、**大きなショックに対処するためにどうするか。いの一番に考えなければならないことは「金融緩和」**だ。当時、財政出動はそこそこしていたが、変動相場制のもとでは同時に金融緩和を行わないと効果が薄いことがわかっている。逆に言えば、金融緩和が十分であれば財政政策が効いてくる。いわゆる**「マンデル・フレミング理論」**だ。

また、国際金融の基礎理論から、円高になることは明らかだった。

米英が財政出動を行う一方で異次元級の金融緩和も同時に行っているにもかかわらず、日本だけが金融緩和をしなかったものだから、相対的に日本円の量が少なくなる。そうなれば円高になるのは当たり前。平成20（2008）年12月には、1ドル＝87円45銭にまで値上がりした。年初は1ドル＝100円台後半の数字を示していたのだから、いかに円高が進んだかがわかるだろう。日本が金融緩和をしていたら、そうはならなかったはずだ。

事件で実害をこうむった方には不謹慎に聞こえるだろうが、リーマンショックはいわば、めったにない社会実験みたいなもの。その結果、私が理解していた理論がきわめて正しかったことが証明された。もちろん、「オレは円高を予想していた。正しかったんだ」と自慢したいのではない。

歴史というのは、未来を読み解くヒントを与えてくれる「データ」なのだから、正しく分析したうえで教訓にしていくべきだということなのだ。

これまでも、政府や日銀は過去の教訓に学ぶことなく失敗を繰り返してきた。なぜ、そうなってしまうのか。それは厳しい言い方をすれば、国民一人ひとりが「失敗の本質」を理解していないからではないだろうか。私たちの「意識」と「知識」が常に試されている。このことを忘れてはならない。

31

ついに実現した政権交代と、幻に終わった「ハトヤマノミクス」

平成21（2009年）の総選挙で民主党が圧勝し、政権交代が実現した。私はアンチ民主党だと思われているが、それは違う。実は当初、彼らと政策論議をしていたのだ。ところが誰の差し金か、政策は一向に実行されない。私の提言を取り入れていたら、**「ハトヤマノミクス」**や**「カンノミクス」**により、**日本復活は民主党がいち早く成し遂げた**かもしれないのだが……。

平成21（２００９）年8月30日に行われた総選挙において、民主党が絶対安定多数を超える３０８議席を確保し、悲願だった政権交代を実現させた。

このときは「ついに日本も変わったんだな」という感慨があった。今でこそ私のことを「民主党嫌い」であるかのように思っている人は多いが、**実は私は民主党の会合にも何度も参加しているし、よい政策を打ってくれれば政権政党はどこでもよかった**のだ。

もともと、私は行政における「ムダの排除」を主張していたので、民主党からの評判も悪くなかった。もし私のことが気に入らないのなら、勉強会に何度も呼んだりはしないだろうし、私も民主党が気に食わなければお声がかかっても相手にしなかっただろう。

首相に就任した鳩山由紀夫氏は、私の高校の先輩にあたる。理系出身だし、「政治を科学する」ということを述べた本も書いていて、正直「カッコいいな」と思っていた。頑張ってほしいと思わせる政治家のひとりであったのだ。

だから付き合いもあって、民主党の会議などで私が政策についてアドバイスをすると、彼も「それはいい。ぜひやろう」と言ってくれていた。

しかし、なぜか行動がともなわない。「リーマンショック」の対策などもまったくしなかった。前項でも触れたように、リーマンショックのような経済に与える影響の大きい出来事に対しては、財政出動するだけではなく金融緩和が必要だ。鳩山氏にもそのことを説き、理解を得たようだったが、まったく対策を施す気配は見られなかった。あるいは、裏から誰かに「髙橋の言うことは聞かないでください」とでも言われていたのかもしれないが……。

＊＊＊

同様のことは、民主党を支援する連合の古賀伸明会長との間でも起こった。

私が民主党の勉強会に出席した際、古賀氏とふたりで話す機会があった。「金融緩和をすれば雇用状況もよくなりますよ」という趣旨のことを述べると、古賀氏は「そうなんですか？」と大変興味を示してくれた。

雇用状況が改善するというアイデアに食いつくのは、連合会長という日本の労組のトップという立場を考えれば当然のことだ。「こんなの、世界の常識ですよ」と教えたら、とても驚いていた。その後、古賀氏からは何度も丁寧な手紙をいただいき、**金融緩和の件も連合のほうから民主党にプッシュするという話をもらっていた**。

ところが、そうした連絡がある日プッツリとなくなる。これも、私との付き合いを事務局の誰かにたしなめられたのではなかろうか。

また、のちに民主党政権最後の首相になる野田佳彦氏も、いきなりコンタクトが途絶えたなかのひとりだ。野田氏とは以前から知り合いであり、割と頻繁に連絡があった。

ところが野田氏は、私のことをけちょんけちょんにけなしていた藤井裕久氏（大蔵省出身）が財務相だった際の副大臣に就任。それですっかり財務省の論理に染まってしまったらしく、ご存じの通り首相就任後、増税一直線になってしまった。

当時の経済状況では増税に絶対反対だった私に連絡が来なくなったということは、財務省から「髙橋とは連絡をとらないほうがいい。あいつはウソつきだから」というようなことを言われたのかもしれない。

いずれも確たる証拠はないが、ここまで民主党関係者との連絡がぱったり途絶えることが連続すると、「私の主張していることを実行されると都合の悪い勢力が、彼らに何かを吹き込んでいるのでは？」と邪推のひとつもしたくなるというものだ。

事実、**政権運営の稚拙さを利用して、財務省が民主党の政治家に変なことを吹き込んでいる**のは知っていた。震災後の復興増税についても発信源をたどれば財務省である。政治家に食い込んで自分たちの論理を刷り込むということを、財務省は平気でやってくる。

もっとも、意見を聞くか聞かぬかは各人の自由だ。仮に財務省のねじ込みがあったにせよ、「髙橋の意見を容れないほうがいい」と彼らが判断したのだから仕方ない。

ただ、民主党政権が私の意見を取り入れて、積極的な財政政策を行うと同時に金融緩和を行っていれば、円高にあえぐ日本経済を救うことができたのではないかと思うと、誠に残念でならない。

＊　＊　＊

このように、一時は期待したものの、やはり民主党政権はダメだった。これは鳩山政権の末期あたりで感じた。

政権についた経験がないから、多少のミスは仕方がないと思うし、細かいことをあげつらってダメ出しするつもりもない。だが、せっかくいいやり方があって、それに対して本人たちも納得したはずなのに、なぜかそれを実行しないのだ。

金融緩和にしてもそうだし、**「最低でも県外」という鳩山首相の発言で内外から注目を集めた沖縄の米軍基地問題にも、「移動可能なメガフロート案」という私なりの解を示していた**。ところが、そうした意見を採用しなかったばかりに、デフレは解消せず、アメリカとの信頼関係も微妙なものとなってしまった。

一方、民主党政権の後に政権をつかんだ安倍首相は、マクロ経済の勘どころをつかんでいて、「雇用が増えれば長期政権になる」ということをよく理解していた。以前、**私の「左派的な政策ですけど、いいですか」という質問に対し、安倍氏は「これ、雇用増えるんでしょ。だったらいいよ」とさらりと言ってのけた**のだ。

大胆な「金融緩和」と「財政出動」「成長戦略」という「3本の矢」でデフレからの脱却を目指した「アベノミクス」は、実は左派的な政策だ。民主党としては安倍氏への思いは複雑なものがあっただろうが、どうあれ政治は結果がすべてだ。結果だけを見れば、リーダーの〝格〟の差が出たと言われても文句は言えまい。

ちなみに、民主党内でデフレ脱却議員連盟の事務局長を務めた金子洋一氏は、私の金融政策への理解者で、党の執行部にも私が主張するような政策を勧めていたが、ことごとく却下された。だが、政権から滑り落ちた後、菅直人氏から「君の言う通りにしとけばよかったかな」と言われたという。下野してから気づいても遅い。

政治というのは、一瞬一瞬を逃さず機をつかむ柔軟性が肝心だ。**リーダーの決断ひとつで、あるいは「ハトヤマノミクス」や「カンノミクス」「ノダノミクス」もあり得た**かもしれない。そう考えると、「本当にもったいないことしたよなぁ」の一言である。もはや民主党すらなくなった今、あのときのリーダー、幹部たちは何を思うのであろうか。

32

郵政国有化は何度でも繰り返す、最初は悲劇、二度目は喜劇として

平成21（2009）年、総選挙で民主党が大勝し、政権交代が相成ると、たちまち郵政民営化は骨抜きにされ、郵政事業は**再国有化**の道をたどることとなった。一歩間違えば国も吹っ飛びかねないまさに悲劇的な状況を回避したにもかかわらず、儲からないシステムをあえて維持する姿勢は、もはや**ギャグ**としか思えない。

平成21（２００９）年の政権交代のミソは、民主党を中心に社会民主党と国民新党が参加したことである。とりわけ国民新党は、忘れている人も多いかもしれないが、小泉首相による「郵政解散」で自民党から公認を得られなかった議員が中心となって結成された政党だ。そのため、以前は民営化に賛成だった民主党政権で、「郵政再国有化」が進んでいく。

手始めが同年10月、２年前に〝三顧の礼〟で社長に迎え入れた西川善文元三井住友銀行頭取の事実上の更迭だ。**代わりに社長に据えたのが、なんと元大蔵事務次官の斎藤次郎氏。野党時代に天下りに反対していた民主党による、紛うことなき「天下り人事」**だ。

そして平成24（２０１２）年５月、「郵政民営化法等の一部を改正する等の法律」が成立。この法律の施行により、この年の10月１日をもって、郵便局株式会社と郵便事業株式会社が統合され、「日本郵便株式会社」が設立された。

と同時に、日本政策投資銀行や商工中金などの政策金融機関の民営化も、道半ばでつぶされてしまう。これはどういうことなのか。実は、政策金融機関と郵政はコインの裏表のようなものだ。項目「14」で見たように、国の財政投融資システムにおいて、調達サイドが郵政で運用サイドが政策金融だった。だから一緒に改革する方向だったが、結局いずれも阻まれたのだ。つまり**民主党は「官から民へ」を掲げていたにもかかわらず、政権につ**

くや、瞬く間に財務省の言いなりになってしまったのである。

小泉政権の郵政民営化法では、ゆうちょ銀行とかんぽ生命という金融2社の株式を、平成29（2017）年9月末までにすべて売却して完全民営化すると定めていた。これにより、「普通の金融機関」として生まれ変わるはずだったのだ。ところが、民主党政権は株式の3分の1以上を政府が保有し続ける方向に変更。改正（実質は改悪）郵政民営化法には「できる限り早期に処分する」と書かれてはいるものの、その期限は設定されていなかった。つまり、**事実上の無期限再国有化**といっていい。しかも売却するにしても、ゆうちょ銀行やかんぽ保険が完全民営化されていないとダメなので、所詮結果は知れている。

このままでは貸し出しもできず、今後も国債がメインの運用方法となる。ただ、これではビジネスが成り立たないことは、項目「21」でも述べたように火を見るより明らかだった。利ザヤを出すならば国債金利よりも安く資金調達するしかないが、そもそも国債金利は最低金利だ。それよりも低い金利しかつかないとなれば、たちまち貯金が逃げ出す恐れがあるため、郵便貯金の金利も国債金利に合わせざるを得ない。

そうなると、儲けは当然ながらゼロである。それどころか、人件費などの分だけ確実にマイナスになるのだから、**このまま放置すれば10年やそこらで破綻**することになる。

ただでさえ経営の手足を縛られた状態なうえ、本項の冒頭で説明したように、せっかく社長に就任させせたビジネスのプロを追い出してしまう。更迭された西川社長は、金融業務の経験豊富なチームスタッフも日本郵政に引き連れていた。だが、彼らも西川氏が追い出されたと同時に、日本郵政から去っていってしまったのだ。

民主党政権は西川社長に代えて、前述の斎藤次郎氏、次いで大蔵省出身の坂篤郎氏などの官僚ＯＢを、日本郵政グループ会社の社長に据えた。閣僚らは「官僚を辞めてから年月が経っているから天下りではない」と強弁したが、この言い訳はかなり苦しい。

いくら事務次官であろうが長官であろうが、官僚は経営についてはずぶの素人。ビジネスなど絶対にできない。また、社員は社員で、資産運用経験のない元郵政公社の人たちばかりとなってしまった。これでうまくいくと思うほうが、どうかしている。

言ってみれば、**郵政に関してはわざと最悪の選択をしたという印象**だ。民間会社を再国有化して、さらにそこに元官僚の人材を持ってきた。一体民営化とは何だったのか。

とにかく、このままでは「儲からないシステム」から脱却はできない。これで経営的に地雷を踏んだところで、「当たり前だろ」としか言いようがないが、万が一、国民に多大な損害を与える事態になった場合、誰がその責任を取れるのだろうか。

33

東日本大震災と福島原発事故から学びとるべきふたつの大きな教訓

平成23（2011）年、東日本大震災とそれによる福島原子力事故が発生した。いまだ復興道半ばという未曾有の出来事で得られた大きな教訓はふたつ。ひとつは、最高指揮官たる者、ひたすら全体像の把握に努めるべきで、**わかりもしないのに現場に出張るな**ということ。そして、もうひとつは**商業原発に未来はない**ということだ。

平成23（2011）年3月11日、三陸沖でマグニチュード9・0の巨大地震が発生。最大震度7の強い揺れと国内観測史上最大の津波が東北・関東地方を中心とする広い範囲に甚大な被害をもたらした。

東京電力福島第一原子力発電所も被災し、放射性物質が漏れ出す深刻な事態となる。

時の首相は菅直人氏であった。彼は原発の事故の際に「自分は原子力に詳しいんだ」と言って現場を訪れ、自らベントを急ぐように指示したという。

これは首相として、言うまでもなく最低最悪の行為である。首相というのは指揮官として官邸にあって、現場の作業がうまくいくように差配するのが本来の仕事だ。**全体を大きく見て部下が働きやすいようにもっていくのか、ミクロにこだわってしまうのかで、リーダーとしての資質がわかってしまう**。

ちなみに阪神淡路大震災の際は、当時の村山富市首相が「結果の責任は自分が負う」として、自民党の小里貞利氏を震災の3日後に震災担当相とし、その下に各省の官房長クラスを配して被災状況に応じて対策を即決できる態勢を敷いた。つまり、実行部隊にすべてを任せ、責任だけは首相が負うという形にしたのである。

実際に、首相が現場視察に訪れたからといって作業がうまくいくわけでもない。いや、むしろ邪魔なだけである。のちに発表された「吉田調書」を読むと、当時の福島第一原発所長の吉田昌郎氏が抱いた菅氏に対する不信感が、ありありと見て取れる。

菅氏は「原子力に詳しい」と言って現地視察に赴き、そこで怒鳴り散らしていたという。繰り返すが最悪である。たとえ理系出身とはいえ、学生のころとは違うのだ。**そもそも科学を知っている人ほど「自分は科学を知っている」と思わないし、ましてや口にすることなどまずない。**

もちろん、本当の専門家だったらそう言うのもいいが、菅氏は東京工業大学理学部応用物理学科卒業で、学士しか取っていない。いくらなんでも「専門家」とは言えないだろう。しかも途中から学生運動にのめり込んでいるから、実際にどこまで勉強したのかも疑わしい。要するに、原子力に関しては素人なのだ。菅氏は首相辞任後、「脱原発」をライフワークにすると公言したが、当時の対応に多少の後ろめたさがあったのかもしれない。

菅氏のどう見ても失敗だった対応とともに、もうひとつ、福島第一原発の事故は後世に大きな教訓を残した。

それは、**現状では商業原発の未来はない**ということだ。というのも、原発のコストが高いことが知れ渡ってしまった。福島第一原発事故レベルのリスクや廃炉の費用などを考えると、原発はとてもではないが商業利用するにはコストが高すぎる。維持コストが猛烈にかかるものは、エネルギーの優位性を確保できない。

そう言うと、すぐに「高橋は原発反対派か」というレッテルを貼られるかもしれないが、そんな単純なものではない。私は「商業原発はコスト的に将来は苦しい」という立場だ。これは、**市場原理でおのずと原発はフェードアウトしていくことにもつながる。しかも、この市場原理は、原発反対派も推進派も認めざるを得ないもの**だ。

原発にも沸騰水型軽水炉（ＢＷＲ）や加圧水型軽水炉（ＰＷＲ）などがあり、構造の違いによって安全性も異なるということも承知している。だが、**人間が作るものである以上、絶対に安全なものなどない**。ひとたび事故が起きれば被害があまりにも甚大で、原発によってもたらされる恩恵をはるかに凌駕してしまう。その確率を考慮してコスト計算すれば、現状の原発はやはりフェードアウトするしかないという結論になる。

原子力技術は軍事と密接な関係があるので、コスト意識よりも研究の成果を優先させるべきだと思う。ただし、そのために原発を残しておくにしても、1、2基あれば十分だろう。**現状50基もあるということは、つまり、高リスク、高コスト要因を50も抱えているということ。これが割に合わないことなど、考えなくともわかる**のではないだろうか。

平成24年～平成31年（2012）～（2019）

第5章

今も決して悪くはないが、日本経済にはもっともっとノビシロが残っている。

本章の年代の主な出来事

（太字は本文関連事項）

			内閣
平成24年（2012）	8月	韓国の李明博大統領が島根県の竹島に上陸	野田
	9月	尖閣諸島国有化	
	12月	**民主党下野、第2次安倍政権誕生**	安倍（12月）
平成25年（2013）	1月	**復興特別税導入**	
		日銀がインフレ率2%の物価目標設定を表明	
	3月	**黒田東彦日銀総裁就任**	
	4月	**異次元金融緩和導入**（黒田バズーカ第1弾）	
平成26年（2014）	1月	理化学研究所の小保方晴子氏が万能細胞「STAP細胞」の作成を発表	
	2月	**マウントゴックスで115億円相当のビットコイン消失**	
	4月	**消費税率8%に引き上げ**	
	10月	**追加金融緩和実施**（黒田バズーカ第2弾）	
	11月	高倉健死去	
平成27年（2015）	8月	暴力団「山口組」分裂	
	11月	**日本郵政グループ3社株式上場**	
平成28年（2016）	1月	**マイナス金利導入**（黒田バズーカ第3弾）	
		マイナンバー制度スタート	
	4月	**台湾の鴻海がシャープを買収**	
	6月	**消費税率引き上げ延期を発表**	
		イギリスがEU離脱を決定	
	10月	ボブ・ディランのノーベル文学賞決定	
	12月	SMAP解散	
平成29年（2017）	1月	米トランプ政権発足	
	2月	プレミアムフライデー開始	
	6月	タカタ破綻	
平成30年（2018）	1月	**コインチェックNEM流出580億円**	
	6月	史上初の米朝首脳会談開催	
	7月	平成30年7月豪雨	
	9月	安室奈美恵引退	
	10月	豊洲市場開場	
平成31年（2019）	4月	天皇退位	
	5月	皇太子が新天皇即位	
	9月	日本で初となるラグビーW杯開催	
	10月	**消費税率10%に引き上げ**	

34

安倍政権とアベノミクスと黒田バズーカとリフレ政策の真相

平成24（2012）年、総選挙で自民党が圧勝し第2次安倍政権が発足。翌年、白川方明氏に代わり黒田東彦氏が日銀総裁に就任した。大胆な金融緩和策は「黒田バズーカ」と呼ばれ、日本経済は回復基調に転換。まさに「白」が「黒」にひっくり返ったわけだが、**惜しむらくは副総裁人事**。このとき、副総裁もリフレ派で固めていれば、インフレ目標の2%はもっと早く達成できたはずだが……。

平成24（２０１２）年12月16日に行われた総選挙で、自民党が圧勝し、３年ぶりに政権へと返り咲いた。新たに成立した第2次安倍政権が「金融緩和」「財政出動」「成長戦略」からなる「３本の矢」で、デフレ脱却を目指した経済政策「アベノミクス」を推し進めたのは、本書でも説明済みであるし、でなくとも皆さんご存じのことだろう。

なかでも、重要なのが〝一の矢〟である「金融緩和」だ。何度も説明してきたように、デフレを克服し円高を是正するためには、マネーを市場に流し入れなければならない。それを**「リフレ政策」**と呼ぶ。このリフレを断行するためには、まず日銀の総裁を誰にするのかが非常に大事だっだ。

そして選考の結果、平成25（２０１３）年2月末、政府は、アジア開発銀行総裁だった黒田東彦氏を次期日本銀行総裁の候補者とした。この人事案を衆参の議院運営委員会理事会に提示するに先立って、私は安倍首相から「日銀の総裁・副総裁を誰にするか」という相談を受けていた。その際に私が推薦したのが、財務省出身者のなかでは黒田氏だった。

実は福田康夫内閣時代にも、ある政治家から同様の相談を受けたことがある。そのとき、私は「まあ、この人なら」というリストを作っていた。結果的に日の目を見なかった、そのリストの一番上に記した名前が「黒田東彦」。**財務省のなかでは、黒田氏が当時からも**

っともリフレ政策に理解があったからである。

黒田氏は小泉政権下で内閣参与の任にあった。そのため、私は彼に呼ばれてリフレ政策について話をすることもあったし、また、海外からバーナンキ元FRB議長のような経済学者を呼ぶときには「髙橋君、手伝って」とお声がかかった。そういう付き合いがあったので、黒田氏がリフレ政策に理解があることはよく知っていたのだ。

私が推した効果がどこまであったかは知る由もないが、とにかく黒田日銀総裁が誕生する運びとなったのは前述のとおりである。**問題は副総裁人事だ**。リフレ派の経済学者である岩田規久男氏と日銀プロパーの中曽宏氏が就任したが、できれば両方ともリフレ派で固めてもらいたかった。

副総裁の影響力は少ないとはいえ、ひとりでも反対すればリフレ政策は部分的にしか実現しなくなるからだ。もしあのとき、**全員リフレ派にしていたら、もっと大胆な金融政策ができたはずだし、現時点で2%の物価上昇率もラクに実現できた**のではないか。

ただ、これでも過去の日銀に比べて格段に良くなったのは事実だ。**黒田氏の前の総裁だった白川方明氏が率いる日銀は、絶対に球に当たらないというぐらいの大空振りを連発**していた。コンスタントにヒットを打つアメリカやヨーロッパと比べ、依然として日本は打

平成25年3月21日、日銀の黒田新体制が本格始動した。（左から）岩田規久男副総裁、黒田東彦総裁、中曽宏副総裁。

率が低いものの、黒田日銀になってからなんとか打球を前に飛ばせるようになっている。

もっとも、もともとＦＲＢやＥＣＢのトップクラスに、能力的に遠く及ばない人たちがやっていることだから仕方ないし、そのうえに妙なバランス人事が持ち込まれるとくれば、ヒットを量産しろというのもムリな話だ。これが政治の現実だろう。

ちなみに、ネットなどで「髙橋洋一を日銀総裁に！」という声があるのは承知しているし、お会いした方からそうした声をいただくこともある。しかし、さすがにそこにホイホイ乗るほど私はお調子者ではない。私には忌まわしい過去もあり、実際にそうなった場合は反対派が私をつぶそうと黙っていないだろう。

そもそも、私は名誉よりも実利を迷わず選ぶタイプ。今さら役所のトップ、それも日銀という巨大組織の頂点に立つという栄誉が欲しいという気持ちなどまったくない。仮になったところで年収3000万円くらいなら、現在のように大学教授の仕事と会社経営、個人の言論活動などをハイブリッドで行いながら、自分の意見を自由に言うことができる立場のほうがずっといい。好きなことをして稼げるのだから、わざわざこの地位を失ってまで日銀総裁になどになる理由がない、というわけだ。

ただし、別の方向からなら協力するのはやぶさかではない。たとえば、日銀総裁を人工知能に担当させるためのシステム作りなどだ。

先々の話になるだろうが、**日銀総裁などはAIで十分に務まる**と私は考えている。というのは、金融政策というのは巷間言われているような複雑な話ではなく、要するに、物価が高くなりすぎたら金融引き締めをして、物価が低くなったら緩和する、という単純な作業にすぎないからである。

AIに個人アドバイザーをつければ、日銀総裁の年収である3000万円程度のパフォーマンスは十分に発揮できるはず。なんなら私がそのプログラムを作ってもいい。個人アドバイザーなしでも、95%くらいはそのプログラムだけでどうにかなると思うのだが。

歴代日銀総裁は単なるたすき掛け人事……

代	氏名	就任年月	出身母体
17	新木栄吉	昭和20年10月	日銀
18	一万田尚登	昭和21年６月	日銀
19	新木栄吉（2度目）	昭和29年12月	日銀
20	山際正道	昭和31年11月	大蔵省
21	宇佐美洵	昭和39年12月	旧三菱銀行
22	佐々木直	昭和44年12月	日銀
23	森永貞一郎	昭和49年12月	大蔵省
24	前川春雄	昭和54年12月	日銀
25	澄田智	昭和59年12月	大蔵省
26	三重野康	平成元年12月	日銀
27	松下康雄	平成６年12月	大蔵省
28	速水優	平成10年３月	日銀
29	福井俊彦	平成15年３月	日銀
30	白川方明	平成20年４月	日銀
31	黒田東彦	平成25年３月	財務省

35

マスコミも誰も触れようとしない、物価目標2%で一番大事なこと

平成25（2013）年、日銀が「物価安定の目標」を2%に設定した。これに関して、多くの人が誤解していることがある。それは、この政策の狙いは「物価」よりも**むしろ「雇用」**だということ。何も知らないマスコミが物価のことばかり話し、雇用にはまったく触れないから、聞いている人はいつも混乱する。こんな基本的なことすらわからない連中の話をうのみにするのは、もうやめにしないか。

平成25（2013）年1月、日本銀行は「中長期的な物価安定の目途」として掲げていた物価上昇率1％を、政府の意向を受ける形で「物価安定の目標」として2％とした。

物価が高いほうがいいか、低いほうがいいのかと聞かれれば、一般の消費者目線では当然「低いほうがいい」という答えになるはずだ。

それならば、日銀が物価目標を達成できないほうがいいはずである。しかし、それでもなお**物価目標を設定するのは、物価と雇用に切っても切れない関係があるから**だ。

物価と失業率の関係は「逆相関」である。すなわち、一方が上がればもう一方が下がり、一方が下がればもう一方が上がる。具体的には、物価が上がっているときは景気がいいから失業率が下がる。物価があまり上がらないとき、つまり景気があまりよくないときは失業率が上がるわけだ。この関係性をベストの状態にもっていこうというのが、金融政策の最大にして唯一の目的だといっていい。

つまり**日銀の仕事というのは、一言で言えば「失業率とインフレ率の関係を最適にすること」**となる。失業率とインフレ率は、項目「13」で示したフィリップス曲線の線上を動くことがわかっている。失業率はある一定のところで下げ止まりになる。というのは、雇用のミスマッチなどがあるためだ。**仮にある分野の求人が増えたとしても、すべての人が**

その職にマッチするとは限らないので、どうしても失業者がいる状態は解消しない。単純に求人の数が増えても失業率がゼロになることはないわけだ。

同じく項目「13」で触れたように、失業率の下限値を「NAIRU」という。これはインフレ率が加速しない失業率のこと。逆に失業率をNAIRUより下げようとすると、インフレ率は加速度的に上がってしまう。国によって失業率の下限は違うが、いずれの国も**「失業率が一番低く、かつインフレ率が一番低い状態」**を目指しているのだ。

ちなみに、**日本の失業率の下限は2・5%程度である。失業率が2・5%になったときに最も低いインフレ率が2%となる。**正直に言えば、経済学は精密科学ではないので、2・5%程度というのも気が引ける。本当は2%台半ばか、2%台前半と言うべきである。文系の人は「有効数字」という概念を知らないので、「オマエが2・5%と言っただろ」とか「2・4%だからオマエの推計は間違いだ」という人が出てくるのは困ったものだ。

つまり、インフレ目標が2%に設定されているのは、NAIRUの状態におけるインフレ率が2%であるからだ。ちなみにアメリカの場合はNAIRUが4%で、そのときのインフレ率が2%。NAIRUになると人手不足になるため、賃金が上がり始める。だから、各国ともNAIRUを目指す。**日本の場合、NAIRUになると賃金と可処分所得が4%**

上がるといわれている。

失業率がＮＡＩＲＵにまで下がっていないときには、金融緩和や積極財政をすることで失業率を下げていく。ＮＡＩＲＵまで下がった場合は、インフレが加速してしまうので、政策を変える。つまり、ここで初めて金融引き締め、緊縮財政に出るのである。

金融政策における「目標」を、たいていの人は物価だけと勘違いしているが、実は物価ではなく、失業率を下げることが一番の目的だ。知ってか知らずか、マスコミは肝心な雇用の話をせずに物価の話だけするから、聞いている人が混乱するのだ。物価が上がると主婦の声などを拾ってきて「困ったものです」と伝える一方で、日銀の物価目標がいまだに達成されていないと批判をするのだから無茶苦茶である。

雇用については、失業率がＮＡＩＲＵのときが、かなりの人が雇用されている状態と考えていい。物価目標を達成しないと、なんとなく「今の金融政策はダメじゃないか」という雰囲気になるが、本来は失業率のほうが重要なのだ。現在、物価が上がらずに雇用がちゃんとしているのだから、とりあえずはこれでいいだろうという評価になる。

少し考えればわかるだろうが、物価が多少高くても雇用がある社会と、物価が安い反面職がない社会。どちらを目指すべきか、言うまでもないのではなかろうか。

36

大震災すらも増税のチャンスという悪魔のような財務省の狙い

平成25（2013）年、復興特別税なる、見るからに聞くからに怪しさがプンプンと匂う税制が導入された。これは震災の2年後のことだが、実は増税の議論は震災直後から行われていた。**裏から糸を引いていたのは、やはり財務省**。「被災地が大変なのだから、助けてあげたい」という国民の良心につけ込んだ**「悪魔の所業」**である。

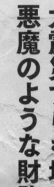

平成25（２０１３）年、2年前の東日本大震災に関連して復興特別税が導入された。

復興特別税は、平成23年度から平成27年度までの間において実施する施策に必要な財源を確保するための特別措置として、所得税、住民税、法人税に上乗せするという形で徴収されるものだ。

所得税は、本来の所得税額に2・1％の税率を乗じた金額を「復興特別所得税」として、平成25年以降の25年間導入することが定められている。法人税は平成24（２０１２）年4月1日以降から始まる事業年度からの3年間は減税を実施したうえで、税額の10％を追加徴収する。住民税は平成26（２０１４）年度から10年間、年間１０００円引き上げることになった。

実は、**東日本大震災からわずか2日後の3月13日には、すでに政治家が「復興増税」を言いだしていた。これはもちろん、財務省の入れ知恵である。**

政府の復興構想会議（五百旗頭《いおきべ》真議長）は、平成23（２０１１）年4月14日の議長の「増税」挨拶から始まった。そして6月25日にまとめた「復興への提言」には、「復旧・復興のための財源については、次の世代に負担を先送りすることなく、今を生きる世代全体で連帯し、負担の分かち合いにより確保しなければならない」とある。

さらに、五百旗頭氏の専門が国際政治であるためか、多くの〝一流経済学者〟も「応援団」として動員された。伊藤隆敏、伊藤元重両氏（東京大学）やおなじみの土居丈朗氏（慶應義塾大学）、齊藤誠氏（一橋大学）らが「震災復興にむけて3原則」を提言。**「復興国債」は「ツケの先送り」としたうえで、「消費税率の引き上げ」「所得税の課税最低限の引き下げ」「法人税減税の1年先送り」などを含む「復興連帯税」の導入を求めた**のだ。

一方、私を嘉悦大学に誘ってくれた経済学者の加藤寛氏は復興増税には反対の立場で、財務省にとりこまれることはなかった。加藤氏は自分が財務省の箔付けに利用されるのを直感的にわかっていたようだ。すなわち、「一流の経済学者がみんな賛成しています。加藤寛先生もです」と喧伝されるのを嫌ったのである。

加藤氏に「キミはどう思う?」と聞かれたとき、私は「復興増税は課税平準化理論に反します」と答えたところ、加藤氏も「そうだよな」と一致した。まともな経済学者なら当然の反応である。

課税平準化理論は、学部や修士課程で習う程度の経済学の基礎知識だ。一時的な経済ショックがあって財政出動した場合、増税によってその時点での財政収支を均衡させることは効率性の観点からも望ましくない。

仮に１００年に一度の震災があったときに増税するのなら、１００年間ならすように平準化すべき、というのは、経済学に詳しくない人でも直感的にわかることだ。ところが復興財源確保法では、５年間の集中復興期間における歳出削減および税外収入による財源確保額を前提に臨時増税を行う内容となっている。**復興増税を仮に20年やるとすると、本来100年かけてやるべきことを、ただでさえ大変な震災直後の20年間で徴収することになる**。これはまったく理論的ではないし、高負担だ。

それではどうすればいいのか。

答えは、国債を大量に発行することによって財源を調達する。これが正しい。１００年に一度のショックが起き、そのための財政支出が必要なら、「１００年国債」を発行して負担を１００年間分割にすべきなのだ。実際に平成７（１９９５）年の阪神淡路大震災のときは、国債の発行で財源を確保している。**自然災害で増税することは古今東西まったく例がなく、当時は議題にすらのぼらなかった**のである。

とにかく、国民全体が「被災地を助けたい」と願っている雰囲気に乗じて増税を狙う財務省の浅ましさには、怒りを通り越してあきれ返るばかりだ。それに乗せられた経済学会を代表するセンセイ方に対しては、かける言葉すらないが……。

37

的確に日本経済を見抜いていた ピケティのおそろしく単純な考え

平成26（2014）年、どういうわけか、フランスの経済学者の学術本『21世紀の資本』が大人気となった。著者のトマ・ピケティは、大量の歴史的データを駆使して、資本主義では常に**「r＝資本収益率」＞「g＝所得成長率」で、先進国でも格差は拡大**していくことを証明した。さらに、アベノミクスに対しても面白い評価を下しているが、これは意外と知られていないのではないか。

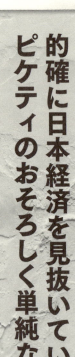

平成26（２０１４）年、フランスの経済学者トマ・ピケティの著書『21世紀の資本』が日本でも話題となった。７００ページを超す分厚い学術書でありながら、どういうわけかかなり売れた。経済学の専門書にありがちな数式の羅列もなく、歴史書の感覚で読める。ただし、日本の歴史書と異なり、内容は全編データに基づくものだ。

私は歴史に人一倍興味を持っているものの、従来の歴史書はストーリーありきでデータがほとんどないのが不満だった。しかし、図表マニアの私が見てもワクワクするような図表が満載で、ずっと眺めていたいと思わせるほどの魅力がこの本にはある。

タイトルからはマルクスの『資本論』の再来を彷彿させるが、ピケティ自身の言う通り、標準的な成長理論を使ったごく普通の経済学の本である。

大量の歴史データの他にも、いたるところで哲学、文学などの引用があり、理想の政治に関する政策提言もある。数学専攻ののち経済学に転じたピケティ氏には、シンパシーを感じずにはいられない。

本書のエッセンスだけをいえば、実はおそろしく単純だ。

資本収益率（ほぼ４～５％）が所得成長率（ほぼ１～２％）よりも高いことを、各国の歴史データが示している。これを高所得者と高資産保有者がますます富むことの理由に挙

げ、多くの国で格差が拡大していることを証明したのである。

格差社会をよしとしない彼は、この現状を打破するためには資本収益率を下げることが有効と考え、資本課税の強化を主張している。それも、国際協調のもとですべての国で課税強化策を採用すべしというわけだ。

ただし、こうした単純なことを主張するためにこそ、さまざまな角度からの深い検討が必要である。ピケティは学者の良心に基づいて、この本のなかでそれを丁寧に行った。

従来の本と違う新しさは、20カ国分の大量の歴史データだ。それによって、200年以上の歴史のなかで、「r＝資本収益率」と「g＝所得成長率」を比較。**第1次、第2次世界大戦の間と、第2次大戦後のしばらくの間は、「r」と「g」が比較的近くて格差の小さい時期だったが、それ以外では「r」は「g」より大きく、格差の大きい時期であることを明らかにした**。

これらの主張は、かつてノーベル賞を受賞した経済学者であるクズネッツが述べていた「逆U字仮説」を覆すものだ。つまり、経済成長について、はじめは格差が拡大するが、一定レベルを超えた先進国では経済成長にともない格差が減少する、との主張に真っ向から反論している。1930年～80年にかけて格差が縮小していたのは一時的な現象であって、**資本主義では資本収益率が所得成長率より高いのが常であり、先進国でも格差は拡大していくというのがピケティの主張**だ。

欧米でヒットした背景には、なんとなく格差が拡大していると感じていたところ、「やはりそうなのか」という納得感を読者が覚えたからだろう。

ちなみに、ピケティは日本をどのように見ているのだろうか。日経新聞（２０１４年12月22日）に掲載されたインタビューでは、「日本の現状をどう見ますか」という質問に対し、

「財政面で歴史の教訓を言えば、１９４５年の仏独はＧＤＰ比２００％の公的債務を抱えていたが、50年には大幅に減った。もちろん債務を返済したわけではなく、物価上昇が要因だ。安倍政権と日銀が物価上昇を起こそうという姿勢は正しい。物価上昇なしに公的債務を減らすのは難しい。２～４％程度の物価上昇を恐れるべきではない。（平成26年）４月の消費増税はいい決断とはいえず、景気後退につながった」

と、アベノミクスには及第点をつける一方、的確に消費増税を批判している。きわめてまっとうな意見といえよう。

38

「リーマン級」の事態でもないのに、消費増税を延期した真理と論理

平成28（2016）年、安倍首相は二度目の消費増税延期を表明した。財務省はもちろん猛反発し、マスコミもこれにならった報道に終始。しかし、この時点で増税を取りやめたのは、**経済学的にきわめて合理的な判断**だった。なぜなら増税したらGDPがどうなってしまうのか、簡単に計算できたからだ。いつも通り**マスコミが報じない真実は意外なほど単純**なのである。

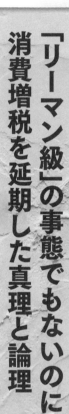

平成28（２０１６）年6月1日、安倍晋三首相は官邸で記者会見し、翌年4月に予定していた消費税率10％への引き上げを2年半延期すると発表した。これに先立つ5月の主要国首脳会議（伊勢志摩サミット）の議論を踏まえ、「世界経済は想像を超えるスピードで変化し、不透明感を増している」と指摘。そのうえで「内需を腰折れさせかねない消費税率の引き上げは延期すべきだと判断した」と明言した。

具体的な延期理由として挙げられたのは、税率を5％から8％に引き上げた平成26（２０１４）年4月の消費増税による悪影響が継続していることがひとつ。さらには中国などの海外要因のリスクがあること。そして、予定通り消費増税を行う場合と行わない場合の２０２０年度の名目ＧＤＰを試算した結果、増税した場合は約５７０兆円、しなかった場合は約６００兆円という数字が出たことだ。

安倍氏は以前から「リーマンショック級の事態がない限りは消費増税する」と発言していただけに、「リーマン級の事態は起きていない。だから増税しろ、公約違反だ」という声が、財務省の影響下にあるマスコミを中心に沸き起こった。

しかしながら、**安倍氏の公約は実はふたつあって、ひとつは「リーマン級でなければ増税」、もうひとつは「デフレ脱却」**だった。安倍氏のなかでは、「国民生活のほうが重要じゃないか」ということで、ふたつの公約のうち後者を優先したにすぎない。その意味で、**増税したい側の「デフレ脱却」の公約を無視する姿勢こそアンフェア**だ。

また、増税派は過去の事実も忘れたふりをしているのだから救えない。平成26年11月の増税延期の際、増税派は「国際公約違反で金利は暴騰する」という論陣を張ったが、まったくそんなことにはならなかった。

安倍氏はそういう事実をきちんと踏まえていて、増税したい人たちの話は聞いても仕方ないな、と思っていたのではないだろうか。だからこそ、平成26年のときには各方面から有識者を招いてヒアリングしたにもかかわらず、平成28年にはそういうことをまったくしなかった。

実はサミットにおいても、安倍氏は予定になかった資料を各国首脳に手渡している。そこに書かれていたのは、現在の世界経済が２００８年のリーマンショック直前に似ていることを示す経済指標だった。安倍氏のこうした行動は、サミットの場を利用して増税延期を正当化しようとしていると非難された。

確かに、消費増税延期のための地ならしとしてサミットの場を活用したという見方はあるかもしれない。ただ、歴代政権のなかで財務省（大蔵省）に楯突いて政権を維持した例はきわめて少ないことから、もう一段上の権威を求めて各国首脳の同意を得ることにした、という判断は十分にあり得る。よくも悪くもそれが政治というものだ。

一方、**経済学的な見地からすれば、この局面における消費増税延期はきわめて妥当な判断**であったといえる。

５％から８％に引き上げた際、もし引き上げをしなかったら、20兆円ほどＧＤＰは多かったと考えられている。私の理屈はきわめて単純で、**増税をするかしないかの判断基準は、「どちらがGDPが多くなるのか」と「今はNAIRUなのか否か」**だけだ。

増税した場合、２０２０年度は名目ＧＤＰが５６０～５７０兆円程度にしか達しないことが予想されたが、増税しなければ予測は軽く６００兆円を超えてくる。このどちらが国民生活にとって望ましいか、無論、答えを言うまでもない。この程度は計算で簡単に予想がつくもので、それができなければ専門家とはいえないだろう。

政治手法には異論もあるだろうが、少なくとも当時の経済状況において増税を見送ったことは、実に合理的だったのである。

39

シャープも東芝もエルピーダも、日本企業没落のたったひとつの理由

平成28（2016）年、シャープが台湾企業に買収された。この他にも日本の家電メーカーは今、軒並み苦境に立たされている。その原因は何なのか。**技術や人件費、あるいは研究開発費の問題ではない**。実は、大きな要因は「為替」。為替という下駄を履くか脱ぐかで、企業の業績は劇的に変わる。その点を理解していなかった**行政の責任は重い**。

2016（平成28）年2月、経営再建中のシャープは、日本円にして7000億円超の規模で支援するという台湾企業「鴻海精密工業《ホンハイ》」の傘下に入ることを受け入れた。

昔から高い技術力を誇り、かつては日本を代表する輸出企業だったシャープの身売り以外にも、東芝の経営難や富士通の携帯事業売却など、日本の電機メーカーの苦境が目立つ。かつては世界のトップを走っていた日本の電機メーカーが、ここまで落ちてしまったのはなぜか。

答えは簡単だ。**技術力が落ちたのではなく、円高によって価格競争力が失われただけ**なのだ。

経営責任を取らずに、裏のありそうなオイシイ条件にホイホイ乗ったシャープ経営陣も、長きにわたって粉飾決算を行ってきた東芝トップも、もちろん糾弾されてしかるべきだ。ただ、それはそれとして、日本の電機メーカーが苦境に陥った一番の理由は、強烈な円高にあったということを忘れてはならない。

家電業界の売上高と為替の相関は実に8割もある。つまり、為替相場いかんで業績が大幅に左右されるわけだ。円高になると、中国、韓国などライバル国が競争力をもって市場を奪ってしまう。いったん低価格の相場ができてしまうと、それを覆すのはかなり難しい。

さらに、ひとたび円高で生産施設を海外に移すと、円安になっても、収益こそ海外投資が好転して何とかなるものの、国内雇用は回復できずに技術基盤も失われてしまう。

こう考えると、**日本企業が悪いというより、マクロ政策で円高を放置しておいて、民間が「もう技術では超えられない」というところにまで追い込んでしまった、行政側に大きな問題がある**と言わざるを得ない。

円高による影響をモロに受けて、平成24（2012）年に会社更生法の適用を東京地裁に申請した「エルピーダメモリ」の社長は、倒産後の記者会見で次のように述べている。

「為替については、リーマンショック前と今とを比べると、韓国のウォンとは70％もの差がある。70％の差はテクノロジーで2世代先に行かないとペイしない。為替が完全に競争力を失わせている。70％の差はいかんともしがたい。それを除けば、エルピーダのDRAMの損益は圧倒的にいい。為替変動の大きさは、企業の努力ではカバーしきれないほどだ」

この談話は、日本を代表する電機メーカーや自動車産業などに等しく影響を与えている失策を教えてくれている。つまり、**カネを刷れば円安にできるのに、それをしなかったということ**。長きにわたって円高を放置し続けた、政府と日銀の罪は非常に大きい。

序章の項目「2」を思い出してほしい。プラザ合意以前は、アメリカが円安を放置しておいてくれたおかげで、日本企業は目を見張るほどの業績を上げることができた。現在は、ウォン安の韓国企業に、高度成長期の日本と同じ風が吹いている。**通貨安で下駄を履かせてもらっていれば輸出企業の業績は伸びるし、自国通貨が高くなれば業績は低迷する**。ただそれだけのことだ。

かつてのＮＨＫの人気番組「プロジェクトＸ」などは、日本企業の頑張りで高度成長を遂げたという演出で大きな支持を得た。だが私に言わせれば、**60、70年代に日本経済が高成長を遂げたのは、日本企業の頑張りではなく、「円が安かった」という要因が最も大きい**。身も蓋もない話ではあるが、これが現実だ。

私は日本企業の力を過大評価することも過小評価することもしない。ただ、業界の頑張りや一企業の成功ストーリーというミクロな部分に目を奪われると、外的なマクロ要因による業績変化であるにもかかわらず、「日本企業はすごい」とか逆に「日本はもうダメだ」と誤った理解をしてしまう。これでは本質を見誤るということを忘れてはならない。

40

単なる投機手段にしてはいけない、仮想通貨とブロックチェーンの底力

平成30（2018）年、**580億円分の仮想通貨が流出**するという衝撃的な事件が起きた。これで仮想通貨に対する視線はますます厳しいものになったが、ちょっと待ってほしい。何より、**仮想通貨の理論は美しい**うえ、それを支えるブロックチェーンの技術はすばらしいということを忘れてはいけない。ぜひいい方向に進歩させるべく、努力すべきではないだろうか。

平成30（２０１８）年1月26日、急速に広がっている仮想通貨をめぐる大事件が起きた。仮想通貨交換業者「コインチェック」から約５８０億円相当の仮想通貨「ＮＥＭ（ネム）」が流出したのだ。いわゆるボラティリティ（価格の変動性）もますます激しくなる一方、こうした事件が相次ぐなど、世間では仮想通貨はとかく怪しい目で見られがちだ。

だが、仮想通貨は本当にただ単にいつ消えるともしれぬ、ネットワーク化するマネーの〝あだ花〟にすぎないのだろうか。

平成21（２００９）年、仮想通貨ビットコインのソフトウェアがネット上に発表され、ビットコインの運用が開始された。

私はビットコインが世に出回り始めた頃、この前年に発表されたというビットコインに関する論文を読んだ。執筆者は「サトシ・ナカモト」という日本人を思わせる名前の人物だが、どうも日本人の書いた英文ではないと感じた。このサトシ・ナカモトはいまだに正体不明で、人物名なのかそれとも団体のコードネームなのかもわかっていない。

ともあれビットコインの原論文を読んだとき、私はその構造の美しさに感動した。そして実際、「採掘（マイニング）」プロジェクトに参加したこともある。その後、オタク系の集会に呼ばれて話をしたこともあるし、約2万5０００万人が合計2兆6０００億円の被

もはや投機の対象でしかないのか……

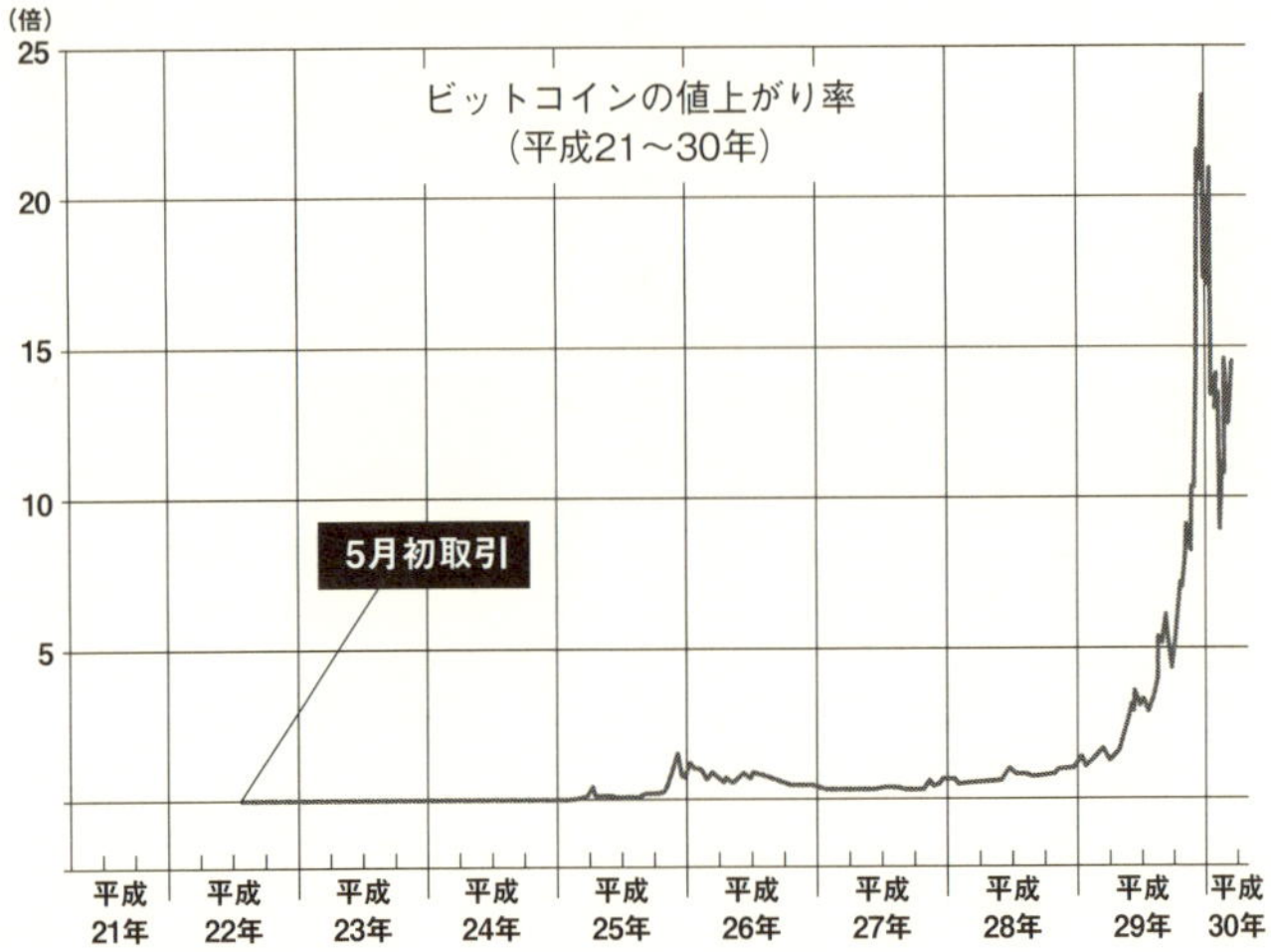

害にあった平成26(2014)年のマウントゴックス事件でも、債権者のための活動をした。

ただ、現在の仮想通貨は、単なる投機手段に成り下がっているような印象だ。そこにあるのは、単純に「いくら儲かる」という話だけで、美しさは感じられない。

最近は伝統的な先物市場での取引が激減した反面、FXや仮想通貨がにぎわっているが、その理由は、いずれもルールが単純なので伝統的な先物より参入障壁が低いからだろう。ただし、その結果として、仮想通貨を支えるブロックチェーンの技術は、投資の素人を呼び込むための宣伝道具と化している感がなきにしもあらずだ。

＊　＊　＊

そもそも**「仮想通貨」というネーミングは適当ではない。資金決済法では、「通貨」ではなく「財産的価値」とされているが、要は単なる「電子データ」である。**その「価値」も、それを信じる人で決まるものだ。

また、仮想通貨の交換業者を「取引所」と呼ぶのもどうかと思う。冒頭で述べた仮想通貨「ＮＥＭ」が流出した事件でも、仮想通貨を管理していたコインチェック社が「取引所」と報道されていたが、この会社は法的には「交換業者」だ。

法で定められた「取引所」とは、たとえば東京証券取引所のように、各種の売買注文があり、それを突合《とつごう》する場のことをいう。取引所は売買当事者にはならないから、実際に売買当事者になっていたコインチェック社は「取引所」ではないということになる。こうした意味で、仮想通貨の「取引所」を「証券取引所」と同じように呼ぶのは誤解を招く。法的に正しい名称である「交換業者」と称するべきだろう。

平成30年現在の実情をハッキリ言えば、「仮想通貨」を支払い手段として受け入れているところは少なく、あくまで「同好の士」の間で通用するものでしかない。取引も「交換

平成30年7月、野田聖子総務相の秘書が、無登録で仮想通貨交換業を行ったとされる会社のスタッフを同席させて金融庁から説明を求めたこと、さらにそれに関する情報公開請求があったことを金融庁が総務省に漏洩していたことが問題となった。

業者」との相対取引で、株などに比べて法的整備はまだまだこれからだ。したがって、従来とは異なる「投資先」ととらえ、投資するにしても自己責任を強く意識して行うべきだ。

なお、仮想通貨は匿名で取引が行えると勘違いしてはいけない。「ブロックチェーン」技術によって取引記録を税務当局が入手するのも容易なので、彼らに目をつけられたらアウトだ。くれぐれも、租税回避などの手段として使おうと色気を出したら大やけどするということにも、しっかりと留意しておかなければいけない。

もうひとつコインチェックの流出事

件について、管理の甘さが指摘される一方で、ブロックチェーンの公開度と追跡機能にも注目が集まった。

ＮＥＭのブロックチェーン技術の普及を目指して設立された非営利の財団が、「24時間から48時間以内に盗まれた通貨にタグ付けするシステムを開発する」と宣言したことに続き、日本の専門家がＮＥＭのフローの追跡に成功。また、捜査当局も監視できるようになっただけに、流出させたＮＥＭを法定通貨に換えて現金化することは不可能だ。

私は仮想通貨の取引にはかかわっていないが、こうしたブロックチェーンの技術には魅力を感じている。**ブロックチェーンをたとえて言えば、すべての人の手形の裏書きをシステム上で行っているようなもの**。

理屈上は資金トレースが可能で、かつ事務コストも低く、たとえば役所の各種台帳の記録・保持などのサービスにも応用できる。その意味では、「仮想通貨」に限らずとも、十分に社会的な価値がある技術だ。今後、いい方向に発展していくことを期待したい。

41

黒田日銀総裁に説明責任がある、消えたインフレ目標達成時期

平成30（2018年）、日銀が公表した「展望リポート」から、インフレ目標の達成時期が消えた。そもそもインフレ目標は目標数字と達成時期がセットであるもの。にもかかわらず、目標の達成時期はあくまで**「見通し」であって「達成時期」ではない**と、黒田日銀総裁は説明している。しかし、これはいくらなんでも**説明責任の放棄**ではないのか。この〝逃げ〟のポイントは意外にも、消費増税に関する黒田日銀総裁の説明にあった……。

平成30（2018）年4月27日、日銀は金融政策決定会合後に「展望リポート」を公表し、消費者物価指数の上昇率の見通しについて、2018年度はこれまでの1・4%から1・3%へ引き下げたうえで、**「19年度頃になる可能性が高い」としてきた2%のインフレ目標の達成について、具体的な時期を削除**した。

日銀の黒田東彦総裁は、その理由を「市場の一部に、2%を達成する時期の見通しが達成期限であるかのような誤解があり、時期の変更が金融政策の変更と結びついていると思われる恐れがあったため」と説明している。

この黒田総裁の説明は、いかにも苦しい。そもそも**インフレ目標は、目標数字と達成時期がセットになって、中央銀行の「コミットメント」を明示**するとされている。

コミットメントはなかなか日本語に訳しにくいが、あえて訳せば「責任をともなう約束」といったところか。日本語で単に「責任」「約束」とするのでは不十分なので、そのままカタカナ表記にする場合が多い。

期限を約束で決めて、それが達成できない場合にはどのように責任を果たすかというのが、曖昧性を好む日本人気質では理解しにくいのかもしれないが、**海外でインフレ目標を明らかにする場合、コミットメントの明示はごく自然のこと**である。

日銀は、インフレ目標の達成時期については、あくまで「見通し」であって「達成時期」ではなかったという。これでは、**インフレ目標を達成しない場合に発生するはずの説明責任の放棄にもつながる**。

もちろん、インフレ目標はガチガチのルールではなく、元FRB議長のバーナンキ氏の言を借りれば、「市場とのコミュニケーションツール」といったようなものである。ただし、それが達成できない場合には、説明責任を果たさなければいけない。

なお、見通しが間違ってきた理由として日銀は当初、原油価格の値下がりや海外経済の動向を挙げており、その後に消費増税を挙げた。私が見たところ、**定量的には海外要因がそれほど影響したという材料はなく、一番は国内需給関係、つまり、消費増税によって国内景気を冷やしたことがインフレ率低下の最大要因**だ。

であれば、それを説明すべきだったが、黒田総裁は「消費増税をしても国内景気への影響は軽微」と安倍首相に言ってしまっているので、消費増税をインフレ率の見通しが外れた理由にはできなかった。こうした失敗は「達成時期」が明記されていたから明らかになったが、今後それがなくなると日銀の説明責任もなくなるということになりかねない。

とにかく日銀の目標達成「打率」はあまりに低すぎる。**目標上下1％に収まる確率はこ**

の５年で28％。他方、たとえばイングランド銀行は同期間で62％だから、日銀の「打率」は、いくらなんでもあんまりだ。

金融政策の基本にかかわる雇用関係の分析においても、日銀はダメだと言わざるを得ない。平成28（２０１６）年４月までの「展望リポート」では、「構造失業率」について「過剰労働力が解消した状態」として３％前半としていたが、７月から「ＮＡＩＲＵではない」と言い訳を加え、その後は水準を引き下げた。

冒頭に挙げた「展望リポート」では「失業率も、足もとでは構造失業率をやや下回る２％台半ばとなっている」としていることから、２年間で１％近く下げたことになる。

構造失業率がNAIRUではないというのなら、日銀はNAIRUを何％と見積もっているのかを明らかにしなければ中央銀行失格である。さらに、これまでの構造失業率推計の誤りを認めなければいけないだろう。黒田日銀２期目の大きな課題である。

42

「平成」が終わったあとにやってくる「新しい日本経済」の正しい考え方

ここまで読まれていかがだっただろうか。結局のところ、平成経済史が〝失われた30年〟となったのは、要所要所のマクロ経済政策で政府、大蔵省（財務省）、日銀が、腹が立ちすぎておかしくなるほどミスを犯してきた結果だということが、おわかりになったのではないだろうか。そのミスの最たるものが消費税の増税だ。平成が終わり次の時代に入った２０１９年10月１日、消費税の10％への引き上げが予定されている。これをどう考えるべきか。「賛成派」「反対派」の対立構図を作ることは、結果的に**バカを量産する**だけのことだと最後に言っておこう。

私はしばしば「増税反対論者」として紹介されるが、これはかなり失礼な話だ。増税するかどうかはあくまで状況次第である。もちろん政治家でもない私に決定権はないが、少なくとも経済を語る人間として言えるのは、「このような条件であれば増税してもよい」あるいは「よくない」ということだけ。本書で何度も述べたように、条件さえそろえば、消費増税に反対するつもりはまったくない。

前述した通り、**増税していい状況というのは経済が過熱気味のとき**だ。消費増税をすると消費行動にブレーキがかかることは、これまでのデータでわかっているので、増税を検討するべきタイミングというのは必然的に好況期に限られてくる。

項目「13」で掲げたフィリップス曲線を思い出してほしい。増税すれば、経済状況はフィリップス曲線の左側に向かう。つまり、経済が引き締められてしまうので、増税するならばインフレ目標よりも景気が過熱している状態がいいという結論になるわけだ。

その意味では、**法律によって増税時期があらかじめ決められているというのは、異常というよりほかはない**。本来、経済がどうなっているかもわからない未来のことを、法律によって縛ってどうしようというのだろうか。

それでも、安倍首相はこれまで、消費増税の時期を二度にわたって変更してきた。当時は8%から10%へとアップすることによる影響が、あまりにも大きいと判断したからだ。私はこの判断は賢明だったと評価している。

では、2019年はどうなるか。私の見立てでは、よほど大きな経済政策をとらない限りは現状とあまり変わらないだろうと思う。失業率は及第点だが、インフレ率が今一歩なので、もっと大胆な金融緩和が必要だ。

このまま何もしないでいたら、経済環境が今よりもよくなるとは考えにくい。となれば、必然的に増税はしないほうがいい、という結論になる。

もちろん、先述したように、経済が過熱してきたら増税もアリだ。ただし、消費税が10%になるというのは、なかなかに大変なこと。どんな経済状況であろうと、消費が冷え込むことだけは確かなので、もし「このままの経済状況で増税した場合」を仮定して、その場合にどうすれば経済への打撃を最小限にできるか考えてみよう。

① まず考えられるのは増税後の即減税。全品目に2%の軽減税率を導入することで実質的な増税をゼロにしてしまう。これならば経済に与える影響もゼロだ。

② 恒久的な所得税減税をする。これもほとんど影響はないだろう。

③　所得税減税を５年だけ行う。ただし、この場合は当然ながら経済的影響は少しだけ出てくる。

④　財政支出。これは、増税分の財政支出を永久にすれば、影響は最小限に抑えられるものの、ゼロとまではいかない。

⑤　財政支出を永久ではなく５年間だけ行う。かなりの影響が予想される。

増税の反対論者はいつでも反対、賛成派はどんな状況でも賛成というのは正直、信じられない。私はすべて条件式に当てはめて、その状況がどうかによって賛成もすれば反対もする。ただそれだけのことである。

「どうせ、オマエはいつも反対なんだろ」と言われるのが心の底からイヤなので、自分は常に理論的にあり得る消費増税の余地を残しているつもりだ。そのことがわからないようなら、ハッキリ言ってしまおう。

正真正銘のバカである。

[著者略歴]

高橋洋一（たかはし・よういち）
株式会社政策工房代表取締役会長、嘉悦大学教授。昭和30（1955）年、東京都生まれ。都立小石川高等学校（現・都立小石川中等教育学校）を経て、東京大学理学部数学科・経済学部経済学科卒業。博士（政策研究）。昭和55（1980）年に大蔵省（現・財務省）入省。大蔵省理財局資金企画室長、プリンストン大学客員研究員、内閣府参事官（経済財政諮問会議特命室）、内閣参事官（首相官邸）等を歴任。小泉内閣・第1次安倍内閣ではブレーンとして活躍。平成20（2008）年、『さらば財務省』（講談社）で第17回山本七平賞受賞。『"まやかしの株式上場"で国民を欺く　日本郵政という大罪』『「日経新聞」には絶対に載らない　日本の大正解』（以上ビジネス社）、『マスコミと官僚の小ウソが日本を滅ぼす』（産経新聞出版）、『財務省を解体せよ！』（宝島社）、『「文系バカ」が、日本をダメにする』（ワック）、『明解会計学入門』（あさ出版）など著書多数。

めった斬り平成経済史　失敗の本質と復活の条件

2018年9月2日　　第1刷発行

著　者　髙橋洋一
発行者　唐津　隆
発行所　株式会社ビジネス社
〒162-0805　東京都新宿区矢来町114番地 神楽坂高橋ビル5階
電話　03(5227)1602　FAX　03(5227)1603
URL　http://www.business-sha.co.jp

〈写真〉外川 孝　〈編集協力〉望月太一郎
〈カバーデザイン〉尾形忍（スパローデザイン）
〈本文組版〉エムアンドケイ　〈本文写真〉共同通信社（P99右を除く）
〈印刷・製本〉半七写真印刷工業株式会社
〈編集担当〉大森勇輝　〈営業担当〉山口健志

ISBN978-4-8284-2044-8